27 bis

MÉLANGES

DE LITTERATURE

724.

MELANGES

DE

LITTERATURE,

Pour servir de supplément à la
derniére Edition des Œuvres
de M. DE VOLTAIRE.

M. DCC. LXVIII.

MÉLANGES
DE LITTÉRATURE.

CONSEILS A UN JOURNALISTE,

Sur la Philosophie , l'Histoire , le Théâtre , les Piéces de Poësies , les mélanges de Littérature les Anecdotes littéraires , les Langues , & style.

L'OUVRAGE périodique auquel vous avez dessein de travailler, Monsieur, peut très-bien réussir, quoiqu'il y en ait déjà trop de cette espéce. Vous me demandez comment il faut s'y prendre pour qu'un tel Journal plaise à notre siécle & à la postérité. Je vous répondrai en deux mots : *Soyez impartial.* Vous ayez la science & le goût : si avec cela vous êtes juste, je vous prédis un succès durable. Notre nation aime tous les genres de Littérature , depuis les Mathématiques jusqu'à l'Epigramme. Aucun des Journaux ne parle communément de la partie la plus brillante des Belles-Lettres ; qui sont les Piéces de Théâtre ; ni de tant de jolis Ouvrages de Poësie ;

A

qui soutiennent tous les jours le caractère aimable
de notre nation. Tout peut entrer dans votre espèce
de Journal : jusqu'à une Chanson qui sera bien
faite, rien n'est à dédaigner. La Grèce qui se vante
d'avoir fait naître *Platon*, se glorifie encore d'*Ana-
tréon* ; & *Ciceron* ne fait point oublier *Catulle*.

SUR LA PHILOSOPHIE.

Vous sçavez assez de Géométrie & de Physique
pour rendre un compte exact des Livres de ce
genre ; & vous avez assez d'esprit pour en parler
avec cet art qui leur ôte leurs épines, sans les
charger de fleurs qui ne leur conviennent pas.

Je vous conseillerais sur-tout, quand vous ferez
des extraits de Philosophie, d'exposer d'abord au
Lecteur une espèce d'abrégé historique des opinions
qu'on propose, ou des vérités qu'on établit.

Par exemple, s'agit-il du *vuide* ; dites en deux
mots comment *Epicure* croyait le prouver ; mon-
trez comment *Gassendi* l'a rendu plus vraisemblable ; exposez les degrés infinis de la probabilité
que *Newton* a ajoutés enfin à cette opinion, par
ses raisonnemens, par ses observations, & par ses
calculs. S'agit-il d'un Ouvrage sur la nature de l'*air* ;
il est bon de montrer d'abord qu'*Aristote* & tous
les Philosophes ont connu sa pesanteur, mais non
son degré de pesanteur. Beaucoup d'ignorans, qui
voudraient au moins sçavoir l'histoire des sciences,
les gens du monde, les jeunes étudians, verront
avec avidité par quelle raison & par quelles expériences le grand *Galilée* combattit le premier l'erreur d'*Aristote* au sujet de l'air ; avec quel art
Torricelli le pesa, ainsi qu'on pèse un poids dans
une balance ; comment on connut son ressort, comment enfin les admirables expériences de MM. *Halès*

& *Boerhave* ont découvert des effets de l'air, qu'on est presque forcé d'attribuer à des propriétés de la matière inconnues jusqu'à nos jours.

Paroît-il un Livre hérissé de calculs & de problèmes sur la *lumière* ; quel plaisir ne faites-vous pas au public de lui montrer les faibles idées que l'éloquente & ignorante Gréce avait de la réfraction ; ce qu'en dit l'Arabe *Alhazen* ; le seul Géométre de son temps ; ce que devine *Antonio de Dominis* ; ce que *Descartes* met habilement & géométriquement en usage , quoiqu'en se trompant ; ce que découvre ce *Grimaldi* qui a trop peu vécu ; enfin ce que *Newton* pousse jusqu'aux vérités les plus déliées & les plus hardies auxquelles l'esprit humain puisse atteindre ? Vérités qui nous font voir un nouveau monde , mais qui laissent encore un nuage derriére elles.

Composera-t-on quelqu'Ouvrage sur la *gravitation* des astres , sur cette admirable partie des démonstrations de *Newton* ; ne vous aura-t-on pas obligation , si vous rendez l'histoire de cette *gravitation* des astres ; depuis *Copernic* qui l'entrevit , depuis *Képler* qui osa l'annoncer comme par instinct , jusqu'à *Newton* qui a démontré à la terre étonnée , qu'elle pése sur le soleil , & le soleil sur elle.

Rapportez à *Descartes* & à *Harrot* l'art d'appliquer l'Algébre à la mesure des courbes , le calcul intégral & différentiel à *Newton* , & ensuite à *Leibnitz*. Nommez dans l'occasion les inventeurs de toutes les découvertes nouvelles. Que votre Ouvrage soit un registre fidéle de la gloire des grands hommes.

Sur-tout , en exposant des opinions , en les appuyant , en les combattant , évitez les paroles injurieuses qui irritent un Auteur , sans éclairer per-

fonne. Point d'animofité, point d'ironie. Que di-
riez-vous d'un Avocat-Général, qui en réfumant
tout un procès, outrageroit par des mots piquans
la Partie qu'il condamne ? Le rôle d'un Journalifte
n'eft pas fi refpectable, mais fon devoir eft à peu-
près le même.

Vous ne croyez point l'*harmonie préétablie ;* fau-
dra-t-il pour cela décrier *Léibnitz* ? Infulterez-vous
à *Lock*, parce qu'il croit Dieu affez puiffant pour
pouvoir donner, s'il le veut, la penfée à la matière ?
Ne voyez-vous pas que Dieu, qui a tout créé, peut
rendre cette matière & ce don de penfer éternels ?
Que s'il a créé nos ames, il peut encore créer des
millions d'êtres différens de la matière & de l'ame ;
qu'ainfi le fentiment de *Lock* eft refpectueux pour
la Divinité, fans être dangereux pour les hommes.
Si *Bayle*, qui fçavait beaucoup, a beaucoup douté, fongez qu'il n'a jamais douté de la néceffité
d'être honnête homme : foyez-le donc avec lui, &
n'imitez point ces petits efprits, qui outragent par
d'indignes injures un illuftre mort, qu'ils n'auraient
ofé attaquer pendant fa vie.

SUR L'HISTOIRE.

Ce que les Journaliftes aiment peut-être le
mieux à traiter, ce font les morceaux d'Hiftoire ;
c'eft là ce qui eft le plus à la portée de tous les
hommes, & le plus de leur goût. Ce n'eft pas que
dans le fond on ne foit auffi curieux, pour le
moins, de connaître la nature, que de fçavoir ce
qu'a fait *Séfoftris*, ou *Bacchus* : mais il en coûte
de l'application pour examiner, par exemple, par
quelle machine on pourrait fournir beaucoup d'eau
à la ville de Paris ; ce qui nous importe pourtant
affez : & on n'a qu'à ouvrir les yeux pour lire les

anciens Contes qui nous font tranfmis fous le nom
d'Hiftoires, lefquels on nous répéte tous les jours,
& qui ne nous importent guéres.

Si vous rendez compte de l'Hiftoire ancienne,
profcrivez, je vous en conjure, toutes ces déclamations contre certains Conquérans. Laiffez *Ju-
venal* & *Boileau* donner, du fond de leur cabinet,
des ridicules à *Alexandre*, qu'ils euffent fatigué
d'encens s'ils euffent vécu fous lui. Qu'ils appellent
Alexandre infenfé. Vous Philofophe impartial, re-
gardez dans *Alexandre* ce Capitaine général de la
Gréce, femblable à peu-près à un *Scanderberg*, à
un *Hunniade*, chargé comme eux du foin de venger fon pays, mais plus heureux, plus grand, plus
poli & plus magnifique. Ne le faites pas voir feulement fubjuguant tout l'Empire de l'ennemi des
Grecs, & portant fes conquêtes jufqu'à l'Inde, où
s'étendait la domination de Darius; mais repréfen-
tez-le donnant des loix au milieu de la guerre, for-
mant des colonies, établiffant le commerce, fondant
Alexandrie & *Scandéron*, qui font aujourd'hui le
centre du négoce de l'Orient. C'eft par là fur-tout
qu'il faut confidérer les Rois, & c'eft ce qu'on
néglige. Quel bon citoyen n'aimera pas mieux qu'on
l'entretienne des villes & des ports que *Céfar* a
bâtis, du Calendrier qu'il a réformé, que des hommes qu'il a fait égorger?

Infpirez fur-tout aux jeunes gens plus de goût
pour l'Hiftoire des temps récens qui eft pour nous
de néceffité, que pour l'ancienne qui n'eft que de
curiofité. Qu'ils fongent que la moderne a l'avantage d'être plus certaine, par cela même qu'elle
eft moderne.

Je voudrais fur-tout que vous recommandaffiez
de commencer férieufement l'étude de l'Hiftoire,
au fiécle qui précéde immédiatement *Charles-Quint*,

A iij

Léon X. & *François I.* C'eft là qu'il fe fait dans
l'efprit humain, comme dans le monde, une révo-
lution qui a tout changé.

Le beau fiécle de *Louis XIV.* achéve de perfec-
tionner ce que *Léon X.* tous les *Médicis*, *Charles-
Quint*, *François I.* avaient commencé. Je travaille
depuis long-temps à l'Hiftoire de ce dernier fiécle, qui doit être l'exemple des fiécles à venir :
j'effaie de faire voir le progrès de l'efprit humain,
& de tous les arts, fous *Louis XIV.* Puiffai-je,
avant de mourir, laiffer ce monument à la gloire
de ma nation ! J'ai bien des matériaux pour élever
cet édifice : je ne manque point de Mémoires fur
les avantages que le grand *Colbert* a procurés &
voulait faire à la nation & au monde ; fur la vigi-
lance infatigable, fur la prévoyance d'un Miniftre
de la guerre, né pour être le Miniftre d'un Conquérant ; fur les révolutions arrivées dans l'Europe ; fur la vie privée de *Louis XIV.* qui a été dans
fon domeftique l'exemple des hommes, comme il
a été quelquefois celui des Rois. J'ai des Mémoires
fur des fautes inféparables de l'humanité, dont je
n'aime à parler, que parce qu'elles font valoir les
vertus ; & j'applique déja à *Louis XIV.* ce beau
mot de *Henri IV.* qui difoit à l'Ambaffadeur Dom
Pédre : *Quoi donc ! votre Maitre n'a-t-il pas affez
de vertu pour avoir des défauts ?* Mais j'ai peur
de n'avoir ni le temps, ni la force de conduire ce
grand Ouvrage à fa fin.

Je vous prierai de bien faire fentir, que fi nos
Hiftoires modernes écrites par des Contemporains
font plus certaines en général que les Hiftoires anciennes, elles font quelquefois plus douteufes dans
les détails. Je m'explique. Les hommes différent
entr'eux, d'état, de parti, de Religion. Le Guerrier, le Magiftrat, le Janfénifte, le Molinifte, ne

voient point les mêmes faits avec les mêmes yeux ;
c'est le vice de tous les temps. Un *Carthaginois*
n'eut point écrit les *guerres Puniques* dans l'esprit
d'un *Romain*, & il eut reproché à *Rome* la mauvaise foi dont *Rome* accusoit *Carthage*. Nous n'a-
vons guéres d'Historiens anciens qui ayent écrit les
uns comme les autres sur le même événement : ils
auraient répandu le doute sur des choses que nous
prenons aujourd'hui pour incontestables. Quelque
peu vraisemblables qu'elles soient, nous les respec-
tons pour deux raisons ; parce qu'elles sont anciennes ; & parce qu'elles ne sont point contre-
dites.

Nous autres Historiens contemporains, nous sommes dans un cas bien différent : il nous arrive souvent la même chose qu'aux Puissances qui sont
en guerre. On a fait à *Vienne*, à *Londres*, à *Versailles* des feux de joie pour des batailles que personne n'avait gagnées : chaque parti chante victoire ; chacun a raison de son côté. Voyez que de
contradictions sur *Marie Stuard*, sur les guerres
civiles d'*Angleterre*, sur les troubles de *Hongrie*,
sur l'établissement de la Religion *Protestante*, sur
le Concile de *Trente*. Parlez de la révocation de
l'Edit de *Nantes* à un Bourguemestre *Hollandais*,
c'est une tyrannie imprudente. Consultez un Ministre de la Cour de *France* ; c'est une sage politique. Que dis-je ? la même nation au bout de vingt
ans n'a plus les mêmes idées qu'elle avait sur le
même événement, & sur la même personne ; j'en
ai été témoin au sujet du feu Roi *Louis XIV*. Mais
quelles contradictions n'aurai-je pas à essuyer sur
l'Histoire de *Charles XII* ? J'ai écrit sa vie singuliére sur les Mémoires de M. de *Fabrice*, qui a
été huit ans son favori ; sur les Lettres de M. de
Fierville, Envoyé de France auprès de lui ; sur

A iv.

celles de M. de *Villelongue* , long-temps Colonel
à son service ; sur celles de M. de *Poniatowski.*
J'ai consulté M. de *Croissy* , Ambassadeur de France
auprès de ce Prince, &c. J'apprens à présent que
M. *Norberg* , Chapelain de *Charles XII.* écrit une
Histoire de son Régne. Je suis sûr que le Chapelain
aura souvent vu les mêmes choses avec d'autres
yeux que le Favori & l'Ambassadeur. Quel parti
prendre en ce cas ? Celui de me corriger sur le
champ dans les choses où ce nouvel Historien aura
évidemment raison, & de laisser les autres au jugement des Lecteurs désintéressés. Que suis-je en
tout cela ? Je ne suis qu'un Peintre qui cherche
à représenter d'un pinceau faible , mais vrai , les
hommes tels qu'ils ont été. Tout m'est indifférent
de *Charles XII.* & de *Pierre le Grand* , excepté
le bien que ce dernier a pu faire aux hommes. Je
n'ai aucun sujet de les flatter , ni d'en médire. Je
les traiterai comme *Louis XIV.* avec le respect
qu'on doit aux Têtes couronnées qui viennent de
mourir, & avec le respect qu'on doit à la vérité qui
ne mourra jamais.

SUR LA COMÉDIE.

Venons aux Belles-Lettres , qui seront un des
principaux articles de votre Journal. Vous comptez
parler beaucoup des Piéces de Théâtre. Ce projet
est d'autant plus raisonnable , que le Théâtre est
plus épuré parmi nous , & qu'il est devenu une
école des mœurs. Vous vous garderez bien sans
doute de suivre l'exemple de quelques Ecrivains
Périodiques , qui cherchent à rabaisser tous leurs
Contemporains , & à décourager les arts , dont un
bon Journaliste doit être le soutien. Il est juste de
donner la préférence à *Moliére* sur les Comiques

de tous les temps & de tous les pays : mais ne donnez
point d'exclusion. Imitez les sages *Italiens*, qui
placent *Raphaël* au premier rang, mais qui admirent les *Paul Veronèse*, les *Caraches*, les *Corréges*,
les *Dominicains*, &c. *Moliére* est le premier ;
mais il seroit injuste de ne pas mettre le *Joueur* à
côté de ses meilleures Piéces. Refuser son estime
aux *Ménechmes*, ne pas s'amuser beaucoup au
Légataire universel, serait d'un homme sans justice
& sans goût ; & qui ne se plaît pas à *Regnard*,
n'est pas digne d'admirer *Moliére*.

Osez avouer avec courage, que beaucoup de nos
petites Piéces, comme le *Grondeur*, le *Galant
Jardinier*, la *Pupille*, le *double Veuvage*, l'*Esprit
de contradiction*, la *Coquette de Village*, le *Flo-
rentin*, &c. font au dessus de la plûpart des petites
Piéces de Moliére ; je dis au dessus, pour la finesse
des caractéres, pour l'esprit dont la plûpart sont
assaisonnées, & même pour la bonne plaisanterie.

Je n'entreprens point ici d'entrer dans le détail
de tant de Piéces nouvelles, ni déplaire à beaucoup
de monde par des louanges données à peu d'Ecrivains, qui peut-être n'en seraient pas satisfaits :
mais je dirai hardiment que quand on donnera
des Ouvrages pleins de mœurs, & où l'on trouvera de l'intérêt, comme le *Préjugé à la mode* ;
quand les Français seront assez heureux pour qu'on
leur donne une Piéce telle que le *Glorieux*, gar-
dez-vous bien de vouloir rabaisser leur succès, sous
prétexte que ce ne sont pas des Comédies dans le
goût de *Moliére* ; évitez ce malheureux entêtement
qui ne prend sa source que dans l'envie : ne cherchez point à proscrire les scènes attendrissantes qui
se trouvent dans ces Ouvrages ; car lorsqu'une Comédie, outre le mérite qui lui est propre, a encore
celui d'intéresser, il faut être de bien mauvaise

humeur, pour se fâcher qu'on donne au public un plaisir de plus.

J'ose dire que, si les Piéces excellentes de Mo-liére étaient un peu plus intéressantes, on verrait plus de monde à leurs représentations, le Misan-trope serait aussi suivi qu'il est estimé. Il ne faut pas que la Comédie dégénére en Tragédie bourgeoise. L'art d'étendre ses limites, sans les confondre avec celles de la Tragédie, est un grand art qu'il serait beau d'encourager, & honteux de vouloir détruire. C'en est un que de sçavoir bien rendre compte d'une Piéce de Théâtre. J'ai toujours reconnu l'esprit des jeunes gens, au détail qu'ils faisaient d'une Piéce nouvelle qu'ils venaient d'entendre ; & j'ai remar-qué que tous ceux qui s'en acquittaient le mieux, ont été ceux qui depuis ont acquis le plus de ré-putation dans leurs emplois. Tant il est vrai qu'au fond l'esprit des affaires, & le véritable esprit des Belles-Lettres, est le même.

Exposer en termes clairs & élégans un sujet qui quelquefois est embrouillé ; & sans s'attacher à la division des Actes, éclaircir l'intrigue & le dé-nouement; les raconter comme une histoire intéres-sante; peindre d'un trait les caractéres, dire en-suite ce qui a paru le plus ou moins vraisemblable, bien ou mal préparé ; retenir les vers les plus heureux, bien saisir le mérite ou le vice général du style, c'est ce que j'ai vu faire quelquefois, mais ce qui est fort rare chez les gens de Lettres même qui s'en font une étude : car il est plus facile à certains esprits de suivre leurs propres idées, que de ren-dre compte de celles des autres.

DE LA TRAGÉDIE.

Je dirai à peu-près de la Tragédie ce que j'ai

dit de la Comédie. Vous sçavez quel honneur ce bel art a fait à la *France* : art d'autant plus difficile & d'autant plus au dessus de la Comédie, qu'il faut être véritablement Poëte pour faire une belle Tragédie ; au lieu que la Comédie demande seulement quelque talent pour les vers.

Vous, Monsieur, qui entendez si bien *Sophocle* & *Euripide*, ne cherchez point une vaine récompense du travail qu'il vous en a coûté pour les entendre, dans le malheureux plaisir de les préférer, contre votre sentiment, à nos grands Auteurs Français. Souvenez-vous que quand je vous ai défié de me montrer, dans les Tragiques de l'antiquité, des morceaux comparables à certains traits des Piéces de *Pierre Corneille*, je dis de ses moins bonnes, vous avouâtes que c'était une chose impossible. Ces traits dont je vous parle, étaient, par exemple, ces vers de la Tragédie de *Nicoméde.* * *Je veux*, dit Prusias,

Ecouter à la fois ; l'amour & la nature,
Etre pere & mari dans cette conjoncture.

NICOMEDE.

Seigneur, voulez-vous bien vous en fier à moi ?
Ne soyez l'un, ni l'autre.

PRUSIAS.

Eh ! que dois-je être ?

NICOMEDE.

Roi.

Reprenez hautement ce noble caractére.
Un véritable Roi n'est ni mari, ni pere :
Il regarde son trône ; & rien de plus. Regnez,
Rome vous craindra plus que vous ne la craignez.

* *Aɛ̃. IV. Scène III.*

Vous n'inférerez pas que les dernières Piéces de ce Pere du Théâtre soient bonnes, parce qu'il s'y trouve de si beaux éclairs : avouez leur extrême faiblesse avec tout le Public.

Agésilas & *Suréna* ne peuvent rien diminuer de l'honneur que *Cinna* & *Poliéucte* font à la *France*. M. de *Fontenelle*, neveu du grand *Corneille*, dit dans la vie de son oncle, que si le proverbe, *cela est beau comme le Cid*, passa trop tôt, il faut s'en prendre aux Auteurs qui avaient intérêt de l'abolir. Non, les Auteurs ne pouvaient pas plus causer la chûte du proverbe que celle du *Cid*. C'est *Corneille* lui-même qui le détruisit ; c'est à *Cinna* qu'il faut s'en prendre. Ne dites point, avec l'Abbé de *Saint-Pierre*, que dans cinquante ans on ne jouera plus les Piéces de *Racine*. Je plains nos enfans, s'ils ne goûtent pas ces chefs-d'œuvres d'élégance. Comment leur cœur sera-t-il donc fait, si *Racine* ne les intéresse pas ?

Il y a apparence que les bons Auteurs du siécle de *Louis XIV*. dureront autant que la Langue Française. Mais ne découragez pas leurs succeſſeurs, en aſſurant que la carriére est remplie, & qu'il n'y a plus de place. *Corneille* n'est pas aſſez intéreſſant. Souvent *Racine* n'est pas aſſez tragique. L'Auteur de *Venceslas*, celui de *Radamiſthe* & d'*Electre* avec leurs grands défauts, ont des beautés particuliéres, qui manquent à ces deux grands hommes ; & il est à présumer que ces trois Piéces resteront toujours sur le Théâtre Français, puisqu'elles s'y sont soutenues avec des Acteurs différens ; car c'est la vraie épreuve d'une Tragédie. Que dirai-je de *Manlius*, Piéce digne de *Corneille*, & du beau rôle d'*Arianne*, & du grand intérêt qui régne dans *Amasis* ? Je ne vous parlerai point des Piéces tragiques faites depuis vingt ans : comme j'en ai composé

quelques-unes, il ne m'appartient point d'appré-
cier le mérite des Contemporains qui valent mieux
que moi. Et à l'égard de mes Ouvrages de Théâtre, tout ce que je peux vous en dire, & vous
prier d'en dire aux Lecteurs, c'est que je les cor-
rige tous les jours.

Mais quand il paroîtra une Piéce nouvelle, ne
dites jamais, comme l'Auteur odieux des *Observations*, & de tant d'autres Brochures, *la Piéce est
excellente*, ou *elle est mauvaise ; ou tel Acte est
impertinent, un tel rôle est pitoyable*. Prouvez
solidement ce que vous en pensez, & laissez au
Public le soin de prononcer l'arrêt. Soyez sûr que
l'arrêt sera contre vous, toutes les fois que vous
déciderez sans preuves, quand même vous auriez
raison ; car ce n'est pas votre jugement qu'on demande, mais le rapport d'un procès que le Public
doit juger.

Ce qui rendra sur-tout votre Journal précieux,
c'est le soin que vous aurez de comparer les Piéces
nouvelles avec celles des pays étrangers, qui seront fondées sur le même sujet. Voilà à quoi l'on
manqua dans le siécle passé, lorsqu'on fit l'examen
du *Cid*: on ne rapporta que quelques vers de l'original Espagnol ; il falloit comparer les situations.
Je suppose aujourd'hui qu'on nous donne *Manlius*
de la *Fosse* pour la premiére fois, il serait très-agréable de mettre sous les yeux du Lecteur la Tragédie
Anglaise dont elle est tirée. Paraît-il quelqu'Ouvrage instructif sur les Piéces de l'illustre *Racine*,
détrompez le Public de l'idée où l'on est que jamais
les *Anglais* n'ont pu admettre le sujet de *Phédre*
sur leur Théâtre. Apprenez aux Lecteurs que la
Phédre de *Smith* est une des plus belles Piéces
qu'on ait à *Londres*. Apprenez-leur que l'Auteur a
imité tout de *Racine*, jusqu'à l'amour d'*Hippolite* ;

qu'on a joint ensemble l'intrigue de Phédre &
celle de *Bajazet*, & que cependant l'Auteur se
vante d'avoir tout tiré d'*Euripide*. Je crois que
les Lecteurs seraient charmés de voir sous leurs
yeux la comparaison de quelques scènes de la *Phédre Gréque*, de la *Latine*, de la *Française*, & de
l'*Anglaise*. C'est ainsi, à mon gré, que la sage &
saine critique perfectionnerait encore le goût des
Français, & peut-être de l'Europe. Mais quelle
vraie critique avons-nous depuis celle que l'Académie fit du *Cid*, & à laquelle il manque encore
autant de choses qu'au *Cid* même ?

DES PIÈCES DE POÉSIES.

Vous répandrez beaucoup d'agrément sur votre
Journal, si vous l'ornez de temps en temps de
ces petites Piéces fugitives marquées au bon coin,
dont les porte-feuilles des Curieux sont remplis.
On a des vers du feu Duc de *Nevers*, du Comte
Antoine *Hamilton* né en *France*, qui respirent
tantôt le feu poëtique, tantôt la douce facilité du
style épistolaire. On a mille petits Ouvrages charmans de MM. *Durfé*, de *Saint-Aulaire*, *Ferrand*,
de la *Faye*, de *Fieubet*, du Président *Hénaut*, &
de tant d'autres. Ces sortes de petits Ouvrages dont
je vous parle, suffisaient autrefois à faire la réputation des *Voitures*, des *Sarasins*, des *Chapelles*.
Ce mérite était rare alors, aujourd'hui il est plus
répandu : il donne peut-être moins de réputation,
mais il ne fait pas moins de plaisir aux Lecteurs
délicats. Nos Chansons valent mieux que celles
d'*Anacréon* ; & le nombre en est étonnant. On
en trouvent même qui joignent la morale avec la
gaieté, & qui annoncées avec art, n'aviliraient
point du tout un Journal sérieux : ce serait perfec-

tionner le goût, sans nuire aux mœurs, de rapporter une Chanson aussi jolie que celle-ci, qui
est de l'Auteur du *double Veuvage*.

Philis, plus avare que tendre,
Ne gagnant rien à refuser,
Un jour exigea de Lisandre
Trente moutons pour un baiser.

Le lendemain nouvelle affaire,
Pour le Berger le troc fut bon;
Car il obtint de la Bergère
Trente baisers pour un mouton.

Le lendemain Philis plus tendre,
Craignant de déplaire au Berger,
Fut trop heureuse de lui rendre
Trente moutons pour un baiser.

Le lendemain Philis plus sage
Aurait donné moutons & chien
Pour un baiser que le volage
A Lisette donnait pour rien.

Comme vous n'avez pas tous les jours des Livres
nouveaux qui méritent votre examen, ces petits
morceaux de Littérature rempliront très-bien les
vuides de votre Journal. S'il y a quelques Ouvrages
de Prose ou de Poësie qui fassent beaucoup de bruit
dans Paris, qui partagent les esprits, & sur lesquels
on souhaite une critique éclairée, c'est alors qu'il
faut oser servir de maître au Public sans le paraître,
& le conduisant comme par la main, lui faire remarquer les beautés sans emphâses, & les défauts sans
aigreur. C'est alors qu'on aime en vous cette critique, qu'on méprise & qu'on déteste dans d'autres.
Un de mes amis examinant trois Epîtres de

Rousseau en vers diffyllabes qui excitèrent beaucoup
de murmure il y a quelque temps, fit de la feconde,
où tous nos Auteurs font infultés, l'examen fuivant,
dont voici un échantillon, qui paraît dicté par la
juftesse & la modération. Voici le commencement
de la Piéce qu'il examinait.

> Tout inftitut, tout art, toute police
> Subordonnée au pouvoir du caprice,
> Doit être auffi conféquemment pour tous
> Subordonnée à nos différens goûts.
> Mais de ces goûts la diffemblance extrême,
> A le bien prendre, eft un faible problème,
> Et quoi qu'on dife, on n'en fçaurait jamais
> Compter que deux, l'un bon, l'autre mauvais;
> Par des talens que le travail cultive,
> A ce premier pas à pas on arrive,
> Et le Public, que fa bonté prévient,
> Pour quelque temps s'y fixe & s'y maintient;
> Mais ébloui enfin par l'étincelle
> De quelque mode inconnue & nouvelle,
> L'ennui du beau nous fait aimer le faid,
> Et préférer le moindre au plus parfait.

Voici l'examen.

Ce premier vers, *Tout inftitut, tout art, toute
police*, femble avoir le défaut, je ne dis pas d'être
profaïque, car toutes ces Epîtres le font, mais d'être
une profe un peu trop faible & dépourvue d'élégance & de clarté.

La *police* femble n'avoir aucun rapport au goût
dont il eft queftion. De plus le terme de police
doit-il entrer dans des vers? *Conféquemment* eft à
peine admis dans la profe noble. Cette répétition
du mot *fubordonnée* feroit vicieufe, quand même
le terme ferait élégant; & femble infupportable,
puifque

puisque ce terme est une expression plus convenable à des affaires qu'à la Poésie.

La *dissemblance* ne paraît pas le mot propre. La *dissemblance des goûts est un faible problème.* Je ne crois pas que cela soit Français.

A le bien prendre, paraît une expression trop inutile & trop basse.

Enfin il semble qu'un problème n'est ni faible, ni fort : il peut être aisé ou difficile, & sa solution peut être faible, équivoque, ou erronée.

> Et quoi qu'on dise, on n'en sçaurait jamais
> Compter que deux ; l'un bon, l'autre mauvais.

Non-seulement la Poésie aimable, s'accorde peu de cet air de dilemme & d'une pareille sécheresse ; mais la raison semble peu s'accommoder de voir en huit vers, *que tout art est subordonné à nos différens goûts, & que cependant il n'y a que deux goûts. Arriver au goût pas à pas*, est encore, je crois, une façon de parler peu convenable, même en prose.

> Et le Public que sa bonté prévient.

Est-ce la bonté du Public ? Est-ce la bonté du goût ?

> L'ennui du beau nous fait aimer le laid,
> Et préférer le moindre au plus parfait.

1°. Le *beau* & le *laid* sont des expressions réservées au bas comique. 2°. Si on aime le *laid*, ce n'est pas la peine de dire qu'on préfère ensuite le *moins parfait*. 3°. Le *moindre* n'est pas opposé grammaticalement au *plus parfait*. 4°. Le *moindre* est un mot qui n'entre jamais dans la Poésie, &c.

C'est ainsi que ce Critique faisait sentir sans amertume toute la faiblesse de ces Epîtres. Il n'y avait

B

pas trente vers dans tous les Ouvrages de *Rousseau*
faits en Allemagne, qui échapaïent à la juste cen-
sure : & pour mieux instruire les Jeunes gens, il
comparait cet Ouvrage à un autre Ouvrage du
même Auteur sur un sujet de Littérature à peu-
près semblable. Il rapportait les vers de l'Epître aux
Muses, imitée de *Despreaux* ; & cet objet de comparaison achevait de persuader mieux que les discussions les plus solides & les plus subtiles.

De l'exposé de tous ces vers dissyllabes, il prenait occasion de faire voir qu'il ne faut jamais confondre les vers de cinq pieds avec les vers Maroti-
ques. Il prouvait que le style qu'on appelle de *Marot*, ne doit être admis que dans une Epigramme
ou dans un Conte ; comme les figures de *Calot* ne
doivent paraître que dans des grotesques. Mais
quand il faut mettre la raison en vers ; peindre ;
émouvoir ; écrire élégamment ; alors ce mélange
monstrueux de la langue qu'on parlait il y a deux
cents ans, & de la langue de nos jours, paraît l'abus
le plus condamnable qui se soit glissé dans la Poësie. *Marot* parlait sa langue, il faut que nous par-
lions la nôtre. Cette bigarrure est aussi révoltante
pour les hommes judicieux, que le serait l'Architecture gothique mêlée avec la moderne. Vous
aurez souvent occasion de détruire ce faux goût.
Les jeunes gens s'adonnent à ce style ; parce qu'il
est malheureusement facile.

Il en a coûté peut-être à *Despreaux* pour dire
élégamment :

Faites choix d'un Censeur solide & salutaire,
Que la raison conduit, & le sçavoir éclaire,
Et dont le crayon sûr d'abord aille chercher
L'endroit que l'on sent faible, & que l'on veut cacher.

Mais s'il est bien difficile, est-il bien élégant de dire :

> Dont si Phœbus ses échers vous adjuge ;
> Pour bien jouer consultez un bon juge.
> Pour bien jouer hantez les bons joueurs,
> Sur-tout craignez le poison des loueurs ;
> Acostez-vous de fidéles critiques.

Ce n'est point qu'il faille condamner des vers familiers dans ces Piéces de Poësie ; au contraire, ils y sont nécessaires, comme les jointures dans le corps humain, ou plutôt comme des repos dans un voyage.

> Nam sermone opus est, modo tristi, sæpe jocoso,
> Defendente vices modo Rhetoris, atque Poëtæ
> Interdum urbani parcentis viribus, atque
> Extenuantis eas consultò.

Tout ne doit pas être orné ; mais rien ne doit être rebutant. Un langage obscur & grotesque n'est pas de la simplicité ; c'est de la grossiéreté recherchée.

DES MÉLANGES DE LITTÉRATURE
& des Anecdotes littéraires.

Je rassemble ici sous le nom de *Mélanges de Littérature* tous les morceaux détachés d'Histoire, d'Éloquence, de Morale, de Critique, & ces petits Romans qui paroissent si souvent. Nous avons des chefs-d'œuvres en tous ces genres. Je ne crois pas qu'aucune nation puisse se vanter d'un si grand nombre d'aussi jolis Ouvrages de Belles-Lettres. Il est vrai qu'aujourd'hui ce genre facile produit une foule d'Auteurs ; on en compterait quatre ou cinq mille depuis cent ans. Mais un Lecteur en use avec les Livres, comme un citoyen avec les hommes. On ne vit pas avec tous ses contemporains, on choisit quelques amis. Il ne faut pas plus s'effaroucher de voir cent cinquante mille volumes à la Bibliothéque du Roi, que de ce qu'il y a sept cents cinquante mille hommes dans Paris. Les Ouvrages de pure Littérature dans lesquels on trouve souvent des choses très-agréables, amusent successivement les honnêtes gens, délassent l'homme sérieux dans l'intervalle de ses travaux, & entretiennent dans la nation cette fleur d'esprit, & cette délicatesse qui fait son caractére.

Ne condamnez point avec dureté tout ce qui ne sera pas la Rochefoucault, ou la Fayette ; tout ce qui ne sera pas aussi parfait que la *Conjuration de Venise* de l'Abbé de *Saint-Réal*, aussi plaisant, aussi original que la conversation du Pere *Canaye* & du Maréchal d'*Hoquincourt*, écrite par *Charleval*, & à laquelle *Saint-Evremont* a ajouté une fin moins plaisante, & qui languit un peu ; enfin tout ce qui ne sera pas aussi naturel, aussi fin, aussi gai que le *Voyage*, quoiqu'un peu inégal, de *Bachaumont* & de la *Chapelle*.

> Non si primores Mæonius tenet
> Sedes Homerus, Pindaricæ latent
> Cæique Aliæique minaces,
> Stesichorique graves Camœnæ.
> Nec si quid olim lusit Anacreon,
> Delevit ætas ! spirat adhuc amor,
> Vivuntque commissi calores
> Æoliæ fidibus puellæ.

Dans l'exposition que vous ferez de ces Ouvrages ingénieux, badinant à leur exemple avec vos

Lecteurs, & répandant les fleurs avec ces Auteurs
dont vous parlerez, vous ne tomberez pas dans
cette sévérité de quelques Critiques, qui veulent
que tout soit dans le goût de *Cicéron* ou de *Quin-
tilien*. Ils crient que l'éloquence est énervée, que
le bon goût est perdu, parce qu'on aura prononcé
dans une Académie un Discours brillant qui ne serait pas convenable au Barreau. Ils voudraient qu'un
Conte fût écrit du style de Bourdaloue. Ne distin-
gueront-ils jamais les temps, les lieux, les personnes ? Veulent-ils que *Jacob*, dans le *Paysan par-
venu*, s'exprime comme *Pélisson* ou *Patru* ? Une
éloquence mâle, noble, ennemie des petits ornemens, convient à tous les grands Ouvrages. Une
pensée trop fine serait une tache dans le *Discours
sur l'Histoire universelle* de l'éloquent *Bossuet*. Mais
dans un Ouvrage d'agrément, dans un compliment, dans une plaisanterie, toutes les graces lé-
géres, la naïveté ou la finesse, les plus petits ornemens trouvent leur place. Examinons-nous nous-
mêmes. Parlons-nous d'affaires du ton des entre-
tiens d'un repas ? Les Livres sont la peinture de
la vie humaine ; il en faut de solides, & on en
doit permettre d'agréables.

N'oubliez jamais, en rapportant les traits ingénieux de tous les Livres, de marquer ceux qui sont
à peu-près semblables chez les autres peuples, ou
dans nos anciens Auteurs. On nous donne peu de
pensées que l'on ne trouve dans *Sénèque*, dans *Gra-
tien*, dans *Montagne*, dans *Bacon*, dans le Spectateur *Anglais*. Les comparer ensemble, (& c'est en
quoi le goût consiste) c'est exciter les Auteurs à dire, s'il se peut, des choses nouvelles ; c'est entretenir l'émulation, qui est la mere des arts. Quelle
satisfaction pour un Lecteur délicat, de voir d'un
coup d'œil ces idées qu'*Horace* a exprimées dans

B iij

des vers négligés ; mais avec des paroles si expressives, ce que *Despréaux* a rendu d'une manière si correcte ; ce que *Dryden* & *Rochester* ont renouvellé avec le feu de leur génie. Il en est de ces parallèles, comme de l'Anatomie comparée, qui fait connaître la nature. C'est par là que vous ferez voir souvent, non seulement ce qu'un Auteur a dit, mais ce qu'il aurait pu dire ; car si vous ne faites que le répéter, à quoi bon faire un Journal ?

Il y a sur tout des Anecdotes littéraires, sur lesquelles il est toujours bon d'instruire le public, afin de rendre à chacun ce qui lui appartient. Apprenez, par exemple, au public que le *Chef-d'œuvre d'un inconnu*, ou *Matanasius*, est de feu M. de *Sallengre* & d'un illustre Mathématicien, consommé dans tout genre de Littérature, & qui joint l'esprit à l'érudition, enfin de tous ceux qui travaillaient à la *Haye* au *Journal Littéraire*, & que M. de *Saint-Hyacinte* fournit la Chanson avec beaucoup de remarques. Mais si on ajoute à cette plaisanterie une infâme Brochure digne de la plus vile canaille, & faite sans doute par un de ces mauvais *Français* qui vont dans les pays étrangers déshonorer les Belles-Lettres & leur patrie, faites sentir l'horreur & le ridicule de cet assemblage monstrueux.

Faites-vous toujours un mérite de venger les bons Ecrivains des *Zoïles* obscurs qui les attaquent : démêlez les artifices de l'envie : publiez, par exemple, que les ennemis de notre illustre *Racine* firent réimprimer quelques vieilles Pièces oubliées, dans lesquelles ils insèrent plus de cent vers de ce Poëte admirable, pour faire accroire qu'il les avait volés. J'en ai vu une intitulée *S. Jean-Baptiste*, dans laquelle on trouve une Scène presqu'entière de *Bérénice*. Ces malheureux, aveuglés par leur passion, ne sentaient pas même la différence des styles, &

croyaient qu'on s'y méprendrait : tant la fureur de la jalousie est souvent absurde.

En défendant les bons Auteurs contre l'ignorance & l'envie, qui leur impute de mauvais Ouvrages, ne permettez pas qu'on attribue à de grands hommes des Livres peut-être bons en eux-mêmes, mais qu'on veut accréditer par des noms illustres auxquels ils n'appartiennent point. L'Abbé de *Saint-Pierre* renouvelle un projet hardi, & sujet à d'extrêmes difficultés ; il le met sous le nom d'un Dauphin de *France*. Faites voir modestement qu'on ne doit pas, sans de très-fortes preuves, attribuer un tel Ouvrage à un Prince né pour régner.

Ce projet de la prétendue *paix universelle* attribué à *Henri IV*. par les Secrétaires de *Maximilien de Sully*, qui rédigérent ses Mémoires, ne se trouve en aucun autre endroit. Les Mémoires de *Villeroi* n'en disent mot : on n'en voit aucune trace dans aucun Livre de ce temps. Joignez à ce silence la considération de l'état où l'Europe était alors ; & voyez si un Prince aussi sage qu'*Henri le grand* a pu concevoir un projet d'une exécution impossible.

Ici se trouvent les doutes sur l'authenticité du fameux Testament politique du Cardinal de Richelieu.

Et plus bas le désaveu de l'Abbé *Desfontaines* accusé & presque convaincu d'avoir composé, fait imprimer & distribuer un Libelle infâme contre l'Auteur.

SUR LES LANGUES.

Il faut qu'un bon Journaliste sçache au moins l'*Anglais* & l'*Italien* : car il y a beaucoup d'Ouvrages de génie dans ces Langues ; & le génie n'est

B iv

presque jamais traduit. Ce sont, je crois, les deux
Langues de l'Europe les plus nécessaires à un Français. Les Italiens sont les premiers qui ayent retiré
les Arts de la barbarie : & il y a tant de grandeur,
tant de force d'imagination jusques dans les fables
des Anglais, qu'on ne peut trop conseiller l'étude
de leur langue.

Il est triste que le Grec soit négligé en France ;
mais il n'est pas permis à un Journaliste de l'ignorer.
Sans cette connoissance, il y a un grand nombre
de mots Français dont il n'aura jamais qu'une idée
confuse ; car depuis l'Arithmétique jusqu'à l'Astro-
nomie, quel est le terme d'art qui ne dérive de
cette langue admirable ? A peine y a-t-il un mus-
cle, une veine, un ligament dans notre corps, une
maladie, un remède dont le nom ne soit Grec.
Donnez-moi deux jeunes gens, dont l'un sçaura
cette langue, & dont l'autre l'ignorera ; que ni
l'un, ni l'autre n'ait la moindre teinture d'Anatomie ; qu'ils entendent dire qu'un homme est malade
d'un diabètes, qu'il faut faire à celui-ci une para-
centèse, que cet autre a une anchilose ou un bu-
bonocèle ; celui qui sçait le Grec, entendra tout
d'un coup de quoi il s'agit, parce qu'il voit de
quoi ces mots sont composés ; l'autre ne compren-
dra absolument rien.

Plusieurs mauvais Journalistes ont osé donner la
préférence à l'Iliade de la Motte sur l'Iliade d'Homère. Certainement, s'ils avoient lu Homère en
Grec, ils eussent vu que la traduction est autant au
dessous de l'original, que Ségrais est au dessous de
Virgile.

Un Journaliste versé dans la langue Gréque pour-
ra-t-il s'empêcher de remarquer dans les traductions
que Toureil a faites de Démosthène, quelques fai-
blesses au milieu de ses beautés ? Si quelqu'un

(dit le Traducteur) *vous demande* : *Messieurs les*
Athéniens, avez-vous la paix ? Non, de par Jupiter,
répondrez-vous, nous avons la guerre avec Philip-
pe. Le Lecteur sur cet exposé pourrait croire que
Démosthène plaisante à contre-temps ; que ces termes
familiers & réservés pour le bas comique, *Messieurs*
les Athéniens, de par Jupiter, répondent à de pareilles expressions *Gréques.* Il n'en est pourtant rien,
& cette faute appartient toute entiére au Traducteur.
Ce sont mille petites inadvertences pareilles, qu'un
Journaliste éclairé peut faire observer, pourvu qu'en
même temps il remarque encore plus de beautés.

Il serait à souhaiter que les Sçavans dans les
Langues *orientales* nous eussent donné des Journaux des Livres de l'*Orient.* Le public ne serait
pas dans la profonde ignorance où il est de l'Histoire
de la plus grande partie de notre globe : nous nous
accoutumerions à réformer notre Chronologie sur
celle des *Chinois* ; nous serions plus instruits de la
Religion de *Zoroastre* ; dont les sectateurs subsis-
tent encore, quoique sans patrie, à peu-près comme
les *Juifs*, & quelques autres Sociétés superstitieuses
répandues de temps immémorial dans l'*Asie.* On
connaîtrait les restes de l'ancienne Philosophie *In-*
dienne ; on ne donnerait plus le nom fastueux
d'*Histoire universelle* à des Recueils de quelques
fables d'*Egypte*, des révolutions d'un pays grand
comme la *Champagne*, nommé *Grèce*, & du peuple *Romain*, qui tout étendu & tout victorieux qu'il
a été, n'a jamais eu sous sa domination tant d'Etats
que le peuple de *Mahomet*, & qui n'a jamais con-
quis la dixiéme partie du monde.

Mais aussi que votre amour pour les Langues
étrangéres ne vous fasse pas mépriser ce qui s'écrit
dans votre patrie. Ne soyez point comme ce faux
délicat, à qui Pétrone a fait dire :

Ales Phasiacis petita Colchis,
Atque Afræ volucres placent palato :
Quidquid quæritur, optimum videtur.

On ne trouva de Poète *Français* dans la Biblio-
thèque de l'Abbé de *Longuerue*, qu'un tome de
Malherbe. Je voudrais, encore une fois, en fait de
Belles-Lettres, qu'on fût de tous les pays, mais sur-
tout du sien. J'appliquerai à ce sujet des vers de
M. de *la Motte* ; car il en a quelquefois fait d'excellens.

C'est par l'étude que nous sommes
Contemporains de tous les hommes,
Et citoyens de tous les lieux.

DU STYLE D'UN JOURNALISTE.

Quant au style d'un Journaliste, *Bayle* est peut-
être le premier modéle, s'il vous en faut un. C'est
le plus profond Dialecticien qui ait jamais écrit ;
c'est presque le seul Compilateur qui ait du goût.
Cependant dans son style toujours clair & naturel
il y a trop de négligence, trop d'oubli des bien-
séances, trop d'incorrection. Il est diffus : il fait
à la vérité conversation avec son Lecteur, comme
Montagne ; & en cela il charme tout le monde ;
mais il s'abandonne à une mollesse de style ; & aux
expressions triviales d'une conversation trop simple, & en cela il rebute souvent l'homme de goût.
En voici un exemple qui me tombe sous la
main ; c'est l'article d'*Aballard* dans son Dictionnaire. *Aballlard*, dit-il, *s'amusoit plus à tâtonner
& à baiser son écoliére, qu'à lui expliquer un Auteur.* Un tel défaut lui est trop familier, ne l'imitez pas.

Nul chef-d'œuvre par vous écrit jusqu'aujourd'hui
Ne vous donne le droit de faillir comme lui.

N'employez jamais un mot nouveau, à moins
qu'il n'ait ces trois qualités, d'être néceſſaire, in-
telligible & ſonore. Des idées nouvelles, ſur-tout
en Phyſique, exigent des expreſſions nouvelles.
Mais ſubſtituer à un mot d'uſage un autre mot qui
n'a que le mérite de la nouveauté, ce n'eſt pas enrichir la langue, c'eſt la gâter. Le ſiécle de *Louis XIV*
mérite ce reſpect des *Français*, que jamais ils ne
parlent une autre langue que celle qui a fait la
gloire de ces belles années.

Un des plus grands défauts des Ouvrages de ce
ſiécle, c'eſt le mélange des ſtyles, & ſur-tout de
vouloir parler de ſciences, comme on en parlerait
dans une converſation familiére. Je vois les Livres
les plus ſérieux déshonorés par des expreſſions qui
ſemblent recherchées par rapport au ſujet, mais
qui ſont en effet baſſes & triviales. Par exemple,
la nature fait les frais de cette dépenſe. Il faut
mettre *ſur le compte du Vitriol Romain* un mérite
dont nous faiſons honneur à l'Antimoine. Un ſyſtê-
me de *Miſe. Adieu l'intelligence des courbes, ſi
on néglige le calcul,* &c.

Ce défaut vient d'une origine eſtimable, on
craint le pédantiſme, on veut orner des matiéres un
peu ſéches; mais *in vitium ducit culpâ fuga, ſi caret
arte.*

Il me ſemble que tous les honnêtes gens aiment
mieux cent fois un homme lourd, mais ſage, qu'un
mauvais plaiſant. Les autres nations ne tombent
guére dans ce ridicule. La raiſon en eſt, que l'on
y craint moins qu'en *France* d'être ce que l'on eſt.
En *Allemagne*, en *Angleterre* un Phyſicien eſt Phyſicien : en *France* il veut encore être plaiſant.

Voiture fut le premier qui eut de la réputation par son style familier. On s'écriait : Cela s'appelle écrire *en homme du monde, en homme de Cour, voilà le ton de la bonne compagnie.*

On voulut ensuite écrire sur des choses sérieuses de ce ton de la bonne compagnie, lequel souvent ne serait pas supportable dans une Lettre.

Cette manie a infecté plusieurs écrits d'ailleurs raisonnables. Il y a en cela plus de paresse encore que d'affectation ; car ces expressions plaisantes qui ne signifient rien, & que tout le monde répéte sans penser, ces lieux communs sont plus aisés à trouver qu'une expression énergique & élégante. Ce n'est point avec la familiarité du style épisto-laire, c'est avec la dignité du style de *Cicéron*, qu'on doit traiter la Philosophie. *Mallebranche* moins pur que *Cicéron*, mais plus fort & plus rempli d'images, me paraît un grand modéle dans ce genre ; & plut à Dieu qu'il eût établi des vérités aussi solidement qu'il a exposé ses opinions avec éloquence.

Lock, moins élevé que *Mallebranche*, peut-être trop diffus, mais plus élégant, s'exprime toujours dans sa langue avec netteté & avec grace. Son style est charmant, *puroque simillimus amni.* Vous ne trouverez dans ces Auteurs aucune envie de bril-ler à contre-temps, aucune pointe, aucun arti-fice. Ne les suivez point servilement, *ô imitatores servum pecus !* mais à leur exemple remplissez-vous d'idées profondes & justes. Alors les mots viennent aisément ; *rem verba sequuntur.* Remarquez que les hommes qui ont le mieux pensé, sont aussi ceux qui ont le mieux écrit.

Si la Langue *Française* doit bientôt se corrom-pre, cette altération viendra de deux sources ; l'une est le style affecté des Auteurs qui vivent en *France* ;

l'autre eſt la négligence des Ecrivains qui réſident dans les pays étrangers. Les Papiers publics & les Journaux ſont infectés continuellement d'expreſſions impropres, auxquelles le Public s'accoutume à force de les relire.

Par exemple, rien n'eſt plus commun dans les Gazettes que cette phraſe : Nous apprenons que les aſſiégeans *auraient* un tel jour battu en bréche…, on dit que les deux armées *ſe ſeraient* approchées ; au lieu de , les deux armées *ſe ſont* approchées , les aſſiégeans *ont battu* en bréche , &c.

Cette conſtruction très - vicieuſe eſt imitée du ſtyle barbare qu'on a malheureuſement conſervé dans le Barreau, & dans quelques Edits. On fait dans ces Piéces parler au Roi un langage *gothique*. Il dit : On nous *aurait* remontré, au lieu de , On nous *a* remontré ; Lettres *royaux* , au lieu de Lettres *royales* , *voulons* , *& nous plaît* , au lieu de toute autre phraſe plus méthodique & plus grammaticale. Ce ſtyle *gothique* des Edits & des Loix eſt comme une cérémonie dans laquelle on porte des habits antiques , mais il ne faut point les porter ailleurs. On ferait même beaucoup mieux de faire parler le langage ordinaire aux Loix , qui ſont faites pour être entendues aiſément. On devrait imiter l'élégance des *Inſtitutes* de Juſtinien. Mais que nous ſommes loin de la forme & du fond des Loix *Romaines* !

Les Ecrivains doivent éviter cet abus , dans lequel donnent tous les Gazettiers étrangers. Il faut imiter le ſtyle de la Gazette qui s'imprime à *Paris* ; elle dit au moins correctement des choſes inutiles.

La plûpart des gens de Lettres qui travaillent en *Hollande* , où ſe fait le plus grand commerce de Livres, s'infectent d'une autre eſpéce de barbarie , qui vient du langage des Marchands : ils com-

mencent à écrire *par contre*, pour *au contraire*;
cette *présente*, au lieu de cette *lettre*; le *change*,
au lieu de *changement*. J'ai vu des traductions d'excellens Livres remplies de ces expreſſions. Le ſeul
expoſé de pareilles fautes doit ſuffire pour corriger
les Auteurs. Plut à Dieu qu'il fût auſſi aiſé de remédier au vice qui produit tous les jours tant d'écrits
mercenaires, tant d'extraits infidéles, tant de men-
ſonges, tant de calomnies dont la Preſſe inonde la
République des Lettres.

PANÉGYRIQUE

DE

LOUIS XV.

PRÉFACE

PRÉFACE

DE L'AUTEUR.

L'Auteur de ce Panégyrique se cacha long-temps, avec autant de soin qu'en prennent ceux qui ont fait des satyres. Il est toujours à craindre que le Panégyrique d'un Monarque ne passe pour une flatterie intéressée. L'effet ordinaire de ces éloges est de faire rougir ceux à qui on les donne, d'attirer peu l'attention de la multitude, & de soulever la critique. On ne conçoit pas comment Trajan pût avoir assez de patience ou assez d'amour propre pour entendre prononcer le long Panégyrique de Pline : il semble qu'il n'ait manqué à Trajan, pour mériter tant d'éloges, que de ne les pas avoir écoutés.

Le Panégyrique de Louis XIV. fut prononcé par M. Pélisson ; & celui de Louis XV. devait l'être sans doute à l'Académie par une bouche aussi éloquente. Il s'en faut de beaucoup que l'Auteur de cet Essai adopte l'avis de M. le Président de ***, qui préfère le Panégyrique de Louis XV. à celui de Louis XIV. L'Auteur ne préfère que le sujet. Il avoue que Louis XV. a sur Louis XIV. l'avantage d'avoir gagné deux batailles rangées ; il croit que le systême des Finances a été perfectionné par le temps : l'État a souffert incomparablement moins dans la guerre de 1741. que dans celle de 1688. & sur-tout dans celle de 1701. Il pense enfin que la paix d'Aix-la-Chapelle peut avoir un grand avantage sur celle de Nimégue. Ces deux paix à jamais

G

célébres ont été faites dans les mêmes circonstances, c'est-à-dire, après des victoires : mais le vainqueur fit encore craindre sa puissance par le traité
même de Nimégue, & Louis XV. fait aimer sa
modération. Le premier traité pouvait encore aigrir
des nations, & le second les réconcilie. C'est une
paix heureuse que l'Auteur a principalement en
vue. Il regarde celui qui l'a donnée, comme le
bienfaiteur du genre humain. Il a fait un Panégyrique très-court, mais très-vrai dans tous ses points ;
& il l'a écrit d'un style très-simple ; parce qu'il
n'avait rien à orner. Il a laissé à chaque citoyen le
soin d'étendre toutes les idées dont il ne donne ici
que le germe. Il y a peu de Lecteurs qui, en voyant
cet Ouvrage, ne puissent beaucoup l'augmenter par
leurs réflexions ; & le meilleur effet d'un Livre est
de faire penser les hommes. On a nourri ce Discours de faits inconnus auparavant au public, &
qui servent de preuves. Ce sont là les véritables
éloges, & qui sont bien au dessus d'une déclamation pompeuse & vaine. La Lettre qu'on rapporte
écrite d'un Prince au Roi est de Monseigneur le
Prince de Conti, du 20 Juillet 1744. Celle du Roi
est du 19 Mai 1745. En un mot, on peut regarder
cet Ouvrage, intitulé, Panégyrique, comme le
précis le plus fidéle de tout ce qui est à la gloire de
la France & de son Maître ; & on défie la critique d'y trouver rien d'altéré, ni d'exagéré.

À l'égard des censures qu'un Journaliste a faites,
non du fond de l'Ouvrage, mais de la forme, on
commence par le remercier d'une réflexion très-
juste, sur ce qu'on avait dit que le Roi de Sardai-
gne choisissait bien ses Ministres & ses Généraux,
& était lui-même un grand Général & un grand
Ministre. Il paraît en effet que le terme de Ministre ne convient point à un Souverain.

À l'égard de toutes les autres critiques, elles ont paru injustes & inconsidérées. Il reproche à l'Auteur d'avoir écrit un Panégyrique dans le style de Pline, plutôt que dans celui de Cicéron & dans celui de Bossuet & de Bourdaloue. Il dit que tout est orné d'antithèses, de termes qui se querellent, & de pensées qui semblent se repousser.

On n'examine pas ici s'il faut suivre, dans un Panégyrique, Pline qui en a fait un, ou Cicéron qui n'en a point fait ; s'il faut imiter la pompe & la déclamation d'une Oraison funèbre dans le récit des choses récentes, qui sont si délicates à traiter ; si les Sermons de Bourdaloue doivent être le modèle d'un homme qui parle de la guerre & de la paix, de la politique & des finances. Mais on est bien surpris que le Critique dise que tout est antithèse dans un écrit où il y en a si peu. A l'égard des termes qui se querellent & des pensées qui se repoussent, on ne sçait pas ce que cela signifie.

Le Journaliste dit que le contraste des quatre Rois, François I. Henri IV. Louis XII. Louis XIV. & du Monarque régnant, n'est pas assez sensible. Il n'y a là aucun contraste : des mérites différens ne sont point des choses opposées : on n'a voulu faire ni de contraste, ni d'antithèses ; & il n'y en a pas la moindre apparence.

Il reprend ces mots au sujet de nos alarmes sur la maladie du Roi. *Après un triomphe si rare, il ne fallait pas une vertu commune. On ne triomphe,* dit-il, que de ses ennemis. Peut-il ignorer que ce terme, triomphe, est toujours noblement employé pour tous les grands succès, en quelque genre que ce puisse être ?

Il prétend que ce triomphe n'est pas rare. En France, dit-il, rien de plus naturel, rien de plus général que l'amour des peuples pour le Souverain.

Il n'a pas senti que cette critique très-déplacée tend à diminuer le prix de l'amour extrême qui éclata dans cette occasion par des témoignages si singuliers. Oui, sans doute, ce triomphe était rare, & il n'y en a aucun exemple sur la terre ; c'est ce que toute la nation dépose contre cette accusation du Censeur. A quoi pense-t-il, quand il dit que rien n'est plus naturel, plus général qu'une telle tendresse ? Où a-t-il trouvé qu'en France on ait marqué un tel amour pour ses Rois, avant que Louis XIV. & Louis XV. ayent gouverné par eux-mêmes ? Est-ce dans le temps de la Fronde ? Est-ce sous Louis XIII. quand la Cour était déchirée par des factions, & l'Etat par les guerres civiles, quand le sang ruisselait sur les échafauds ? Est-ce lorsque le couteau de Ravaillac, instrument du fanatisme de tout un parti, acheva le parricide que Jean Châtel avait commencé, & que Pierre Barriére, & tant d'autres avaient médité ? Est-ce quand le Moine Jacques Clément, animé de l'esprit de la Ligue, assassina Henri III ? Est-ce après, ou avant le massacre de la S. Barthelemi ? Est-ce quand les Guise régnaient sous le nom de François II ? Est-il possible qu'on ose dire que les Français pensent aujourd'hui comme ils pensaient dans ces temps abominables ?

Après un triomphe si rare, il ne fallait pas une vertu commune. Le Censeur condamne ce passage, comme s'il supposait une vertu commune auparavant.

Premiérement, on lui dira qu'il serait d'un lâche flatteur & d'un menteur ridicule de prétendre que le Prince, l'objet de ce Panégyrique, avait fait alors d'aussi grandes choses qu'il en a faites depuis. Ce sont deux victoires ; c'est la paix donnée à l'Europe, qui ont rempli ce que sa première & glorieuse

campagne avait fait espérer. En second lieu, quand
l'Auteur dit dans la même période, que la crainte
de perdre un bon Roi imposait à ce grand Prince
la nécessité d'être le meilleur des Rois, non-seulement il ne suppose pas là une vertu commune ; mais
s'exprimant en véritable citoyen, il fait sentir que
l'amour de tout un peuple encourage les Souverains
à faire de grandes choses, les affermit encore dans
la vertu, les excite à faire le bonheur d'une nation
qui le mérite. Penser & parler autrement serait
d'un misérable esclave ; & les louanges des escla-
ves ne sont d'aucun prix, non plus que leurs ser-
vices.

Le Censeur dit que les Anglais ont été les do-
minateurs des mers de fait, & non pas de droit.
Il s'agit bien ici de droit ; il s'agit de la vérité,
& de montrer que les Français peuvent être aussi
redoutables sur mer qu'ils l'ont été sur terre.

Il avance que le goût de dissertation s'empare
quelquefois de l'Auteur. Il y a dans tout l'Ouvrage
quatre lignes où l'on trouve une réflexion politique
très-importante, une maxime très-vraie ; c'est que
les hommes réussissent toujours dans ce qui leur
est absolument nécessaire, & on en pourrait donner
cent exemples. L'Auteur en rapporte trois en deux
lignes ; & voilà ce que le Censeur appelle dissertation.

On trouvera, dit-il, quelque chose de décousu
dans le style. Ce mot trivial, décousu, signifie un
discours sans liaison, sans transition ; & c'est peut-
être le discours où il y en a davantage. Ce décousu, dit-il, est l'effet des antithèses ; & il n'y a
pas deux antithèses dans tout l'Ouvrage.

Il y a d'autres injustices auxquelles on ne répond
point. Ceux qui ont été fâchés qu'on ait célébré

C iij

dans cet Ouvrage les Citoyens qui ont bien servi l'Etat, chacun dans leur genre, méritent moins d'être réfutés que d'être abandonnés à leur basse envie, qui ajoute encore à l'éloge qu'ils condamnent.

PANEGYRIQUE

DE

LOUIS XV.

LUDOVICO DECIMO-QUINTO,
de humano genere bene merito.

UNE voix faible & inconnue s'éleve ; mais
elle sera l'interpréte de tous les cœurs. Si elle
ne l'est pas, elle est téméraire ; si elle flatte, elle
est coupable : car c'est outrager le Trône & la Patrie, que de louer son Prince des vertus qu'il n'a
pas.

On sçait assez que ceux qui sont à la tête des
peuples, sont jugés par le public avec autant de sévérité qu'ils sont loués en face avec bassesse ; que
tout Prince a pour juges les cœurs de ses sujets ;
qu'il ne tient qu'à lui de sçavoir son arrêt, & de
se connaître aussi lui-même. Il n'a qu'à consulter
la voix publique, & sur-tout celle du petit nombre
de juges, qui en tout genre entraîne à la longue
l'opinion du grand nombre, & qui seule se fait entendre à la postérité.

La réputation est la récompense des Rois ; la
fortune leur a donné tout le reste : mais cette réputation est différente comme leurs caractéres ; plus

C iv

éclatante chez les uns, plus solide chez les autres ;
souvent accompagnée d'une admiration mêlée de
crainte, quelquefois appuyée sur l'amour ; ici plus
prompte, ailleurs plus tardive ; rarement pure &
universelle.

Louis XII. malheureux dans la guerre & dans la
politique, vit les cœurs du peuple se tourner vers
lui, & fut consolé. François I. par sa valeur, par
sa magnificence, & par la protection des arts qui
l'immortalise, ressaisit la gloire qu'un rival trop
puissant lui avait enlevée. Henri IV. ce brave guerrier, ce bon Prince, ce grand homme si au dessus
de son siécle, ne fut bien connu qu'après sa mort ;
& c'est ce que lui-même avait prédit. Louis XIV.
frapa tous les yeux, pendant quarante ans, de l'é-
clat de sa prospérité, de sa grandeur & de sa gloire,
& fit parler en sa faveur toutes les bouches de la
Renommée. Nos acclamations ont donné à Louis XV.
un titre qui doit rassembler en lui bien d'autres
titres ; car il n'en est pas d'un Souverain comme
d'un particulier. On peut aimer un citoyen médiocre : une nation n'aimera pas long-temps un Prince
qui ne sera pas un grand Prince.

Ce temps sera toujours présent à la mémoire,
où il commença à gouverner & à combattre ; ce
temps, où les fatigues réunies du cabinet & de la
guerre le mirent au bord du tombeau. On se sou-
vient de ces cris de douleur & de tendresse, de
cette désolation, de ces larmes de toute la France,
de cette foule consternée, qui se précipitant dans
les Temples interrompait, par ses sanglots, les
Priéres publiques ; tandis que le Prêtre pleurait en
les prononçant, & pouvait les achever à peine.

Au bruit de sa convalescence, avec quel transport nous passâmes de l'excès du désespoir à l'yvresse
de la joie ! Jamais les Couriers qui ont apporté les

nouvelles des plus grandes victoires, ont-ils été reçus comme celui qui vint nous dire : *Il est hors
de danger ?* Les témoignages de cet amour venaient
de tous côtés au Monarque : ceux qui l'entouraient,
lui en parlaient avec les larmes de la joie. Il se sou-
leva soudain par un effort dans ce lit de douleur,
où il languissait encore : *Qu'ai-je donc fait,* s'é-
cria-t-il, *pour être ainsi aimé ?* Ce fut l'expression
naïve de ce caractère simple, qui n'ayant de faste
ni dans la vertu, ni dans la gloire, sçavait à peine
que sa grande ame fût connue.

Puisqu'il était ainsi aimé, il méritait de l'être.
On peut se tromper dans l'admiration ; on peut se
hâter d'élever des monumens de gloire ; on peut
prendre de la fortune pour du mérite ; mais quand
un peuple entier aime éperduement, peut-il errer ?
Le cœur du Prince sentit ce que voulait dire ce cri
de la nation : la crainte universelle de perdre un
bon Roi lui imposait la nécessité d'être le meilleur des Rois. Après un triomphe si rare, il ne
fallait pas une vertu commune.

C'est à la nation à dire s'il a été fidéle à cet enga-
gement que son cœur prenait avec les nôtres : c'est
à elle de se rendre compte de sa félicité.

Il se trouvait engagé dans une guerre malheureuse, que son Conseil avait entreprise pour soutenir un allié, qui depuis s'est détaché de nous. Il
avait à combattre une Reine intrépide, qu'aucun
péril n'avait ébranlée, & qui soulevait les nations
en faveur de sa cause. Elle avait porté son fils dans
ses bras à un peuple toujours révolté contre ses peres,
& en avait fait un peuple fidéle, qu'elle remplissait
de l'esprit de sa vengeance. Elle réunissait dans elle
les qualités des Empereurs ses ayeux, & brûlait de
cette émulation fatale, qui anima pendant deux cents
ans la Maison Impériale contre la Maison la plus
ancienne & la plus auguste du monde.

A cette fille des Céfars s'uniffait un Roi d'Angleterre, qui fçavait gouverner ce peuple qui ne
fçait point fervir. Il menait un peuple valeureux,
comme un cavalier habile pouffe à toute bride un
courfier fougueux, dont il ne pourrait retenir l'im-
pétuofité. Cette nation, la dominatrice de l'Océan,
voulait tenir à main armée la balance fur la terre,
afin qu'il n'y eût plus jamais d'équilibre fur les
mers. Fiére de l'avantage de pouvoir pénétrer vers
nos frontiéres par les terres de nos voifins, tandis
que nous pouvions entrer à peine dans fon Ifle ;
fiére de fes victoires paffées, de fes richeffes préfen-
tes, elle achetait contre nous des ennemis d'un bout
de l'Europe à l'autre : elle paraiffait inépuifable dans
fes reffources, & irréconciliable dans fa haine.

Un Monarque qui veille à la garde des barrières que la nature éleva entre la France & l'Italie,
& qui femble, du haut des Alpes, pouvoir déter-
miner la fortune, fe déclarait contre nous, après
avoir autrefois vaincu avec nous. On avait à re-
douter en lui un Politique & un Guerrier, un Prince
qui fçavait bien choifir fes Miniftres & fes Généraux, & qui pouvait fe paffer d'eux : grand Général lui-même & grand Miniftre. L'Autriche fe
dépouillait de fes terres en fa faveur, l'Angleterre
lui prodiguait fes tréfors, tout concourrait à le mettre en état de nous nuire.

A tant d'ennemis fe joignait cette République fondée fur le commerce, fur le travail & fur les armes ;
cet Etat qui toujours prêt d'être fubmergé par la mer
fubfifte en dépit d'elle, & la fait fervir à fa grandeur : République fupérieure à celle de Carthage ;
parce qu'avec cent fois moins de territoire, elle a
eu les mêmes richeffes. Ce peuple haïffait fes anciens protecteurs, & fervait la Maifon de fes anciens
oppreffeurs : ce Peuple, autrefois le rival & le vain-

queur de l'Angleterre sur les mers, se jettait dans les bras de ceux-mêmes qui ont affaibli son commerce, & refusait l'alliance & la protection de ceux par qui son commerce florissait. Rien ne l'engageait dans la querelle; il pouvait même jouir de la gloire d'être Médiateur entre les Maisons de France & d'Autriche, entre l'Espagne & l'Angleterre; mais la défiance l'aveugla, & ses propres erreurs l'ont perdu.

Ce Peuple ne pouvait pas croire qu'un Roi de France ne fût pas ambitieux. Le voilà donc qui rompt la neutralité qu'il a promise; le voilà qui, dans la crainte d'être opprimé un jour, ose attaquer un Roi puissant qui lui tendait les bras. En vain LOUIS XV. leur répéte à tous: Je ne veux rien pour moi, je ne demande que la justice pour mes alliés; je veux que le commerce des nations & le vôtre soit libre; que la fille de Charles VI. jouisse de l'héritage immense de ses peres, mais aussi qu'elle n'envie point la petite Province de Parme à l'héritier légitime; que Gènes ne soit point opprimée, qu'on ne lui ravisse pas un bien qui lui appartient, & dont elle ne peut jamais abuser. Ces propositions étaient si modérées, si équitables, si désintéressées, si pures qu'on ne peut le croire. Cette vertu est trop rare chez les hommes; & quand elle se montre, on la prend d'abord pour de la fausseté, ou pour de la faiblesse.

Il fallut donc combattre, sans que tant de nations liguées sçussent pourquoi l'on combattait. La cendre du dernier des Empereurs Autrichiens était arrosée du sang des nations; & lorsque l'Allemagne elle-même était devenue tranquille, lorsque la cause de tant de divisions ne subsistait plus, les cruels effets en duraient encore. En vain le Roi voulait la paix; il ne pouvait l'obtenir que par des victoires.

Déja les Villes qu'il avait affiégées, s'étaient rendues à fes armes : il vole fous les remparts de Tournai avec fon fils, fon unique efpérance & la nôtre. Il faut combattre contre une armée fupérieure, dont les Anglais faifaient la principale force. C'eft la bataille la plus heureufe & la plus grande par fes fuites, qu'on ait donnée depuis Philippe-Augufte. C'eft la première depuis S. Louis, qu'un Roi de France ait gagnée en perfonne contre cette nation belliqueufe & refpectable, qui a toujours été l'ennemie de notre Patrie, après en avoir été chaffée. Mais cette victoire heureufe à quoi tenait-elle ? C'eft ce que lui dit ce grand Général, à qui la France a des obligations éternelles. En effet, l'Hiftoire dépofera que, fans la préfence du Roi, la bataille de Fontenoy était perdue. On ramenait de tous côtés les canons ; tous les corps avaient été repouffés les uns après les autres; le pofte important d'Antoin avait commencé d'être évacué ; la colonne Anglaife s'avançait à pas lents, toujours ferme, toujours inébranlable, coupant en deux notre armée, faifant de tous côtés un feu continu, qu'on ne pouvait ni ralentir, ni foutenir. Si le Roi eût cédé aux prières de tant de ferviteurs qui ne craignaient que pour fes jours; s'il n'eût demeuré fur le champ de bataille; s'il n'eût fait revenir fes canons difperfés, qu'on retrouva avec tant de peine, aurait-on fait les efforts réunis qui décidèrent du fort de cette journée? Qui ne fçait à quel excès la préfence du Maître enflamme notre nation, & avec quelle ardeur elle fe difpute l'honneur de mourir ou de vaincre à fes yeux? Ce moment en fut un grand exemple. On propofait la retraite : le Roi regardait fes guerriers, & ils vainquirent.

On ne fçait que trop quelles funeftes horreurs fuivent les batailles ; combien de bleffés reftent confondus parmi les morts; combien de foldats, élevant une voix expirante pour demander du fecours, reçoivent le dernier coup de la main de leurs propres compagnons, qui leur arrachent de misérables dépouilles couvertes de fang, & de fange. Ceux-mêmes qui font fecourus, le font fouvent d'une manière fi précipitée, fi inattentive, fi dure, que le fecours même eft funefte : ils perdent la vie dans de nouveaux tourmens, en accufant la mort de n'avoir pas été affez prompte. Mais après la bataille de Fontenoy, on vit un Pere qui avait foin de la vie de fes enfans; & tous les bleffés furent fecourus comme s'ils l'avaient été par leurs freres. L'ordre, la prévoyance, l'attention, la propreté, l'abondance de ces Maifons que la charité élève avec tant de frais, & qu'elle entretient dans le fein de nos Villes tranquilles & opulentes, n'étaient pas au deffus de ce qu'on vit dans les établiffemens préparés à la hâte pour ce jour de fang. Les ennemis prifonniers & bleffés devenaient nos compatriotes, nos freres. Jamais tant d'humanité ne fuccéda fi promptement à tant de valeur.

Les Anglais fur-tout en furent touchés; & cette nation, la rivale de notre vertu guerrière, l'eft devenue de notre magnanimité. Ainfi, un Prince, un feul homme, peut, par fon exemple, rendre meilleurs fes fujets & fes ennemis même : ainfi les barbaries de la guerre ont été adoucies dans l'Europe, autant que le peut permettre la méchanceté humaine; & fi vous en exceptez ces brigands étrangers, à qui l'efpoir feul du pillage met les armes à la main, on a vu depuis le jour de Fontenoy les nations armées difputer de générofité.

Il eft pardonnable à un vainqueur de vouloir tirer avantage de fa victoire, d'attendre au moins que le vaincu demande la paix, & de la lui faire

acheter chérement ; c'est la maxime de la politique
ordinaire. Quel parti prendra le vainqueur de
Fontenoy ? Dès le jour même de la bataille il ordonne à son Secrétaire d'Etat d'écrire en Hollande
qu'il ne demande que la pacification de l'Europe.
Il propose un Congrès : il proteste qu'il ne veut pas
rendre sa condition meilleure ; il suffit que celle des
peuples le soit par lui. Le croira-t-on dans la postérité ? C'est le vainqueur qui demande la paix ; &
c'est le vaincu qui la refuse. Louis XV. ne se rebute
pas : il faut au moins feindre de l'écouter. On en-
voie quelques Plénipotentiaires, mais ce n'est que
par une formalité vaine ; on se défie de ses offres ;
les ennemis lui supposent de vastes projets, parce
qu'ils osaient en avoir encore. Toutes les Villes
cependant tombent devant lui, devant les Princes
de son sang, devant tous les Généraux qui les assié-
gent. Des places qui avaient autrefois résisté trois
années, ne tiennent que peu de jours. On triomphe
à Mêle, à Rocoux, à Lawfelt ; on trouve par-
tout les Anglais qui se dévouent, avec plus de
courage que de politique, pour leurs alliés ; & par-
tout la valeur Française l'emporte : ce n'est qu'un
enchaînement de victoires. Nous avons vu un temps
où ces feux, ces illuminations, ces monumens pas-
sagers de la gloire, devenus un spectacle commun,
n'attiraient plus l'empressement de la multitude ras-
sasiée de succès.

Quelle est la situation enfin où nous étions au
commencement de cette derniére campagne, après
une guerre si longue, & qui avait été deux ans si
malheureuse ?

Ce Général étranger, naturalisé par tant de victoires, aussi habile que Turenne, & encore plus
heureux, avait fait de la Flandre entiére une de nos
Provinces.

Du côté de l'Italie, où les obstacles sont beaucoup plus grands, où la nature oppose tant de barrières, où les batailles sont si rarement décisives, & cependant les ressources si difficiles, on se soutenait du moins après une vicissitude continuelle de succès & de pertes. On était encore animé par la gloire de la journée des Barricades, par l'escalade de ces rochers qui touchent aux nues, par ce fameux passage du Pô.

Un Chef actif & prévoyant, qui conçoit les plus grands projets, & qui discute les plus petits détails; ce Général qui, après avoir sauvé l'armée de Prague, par une retraite digne de Xénophon, & avoir délivré la Provence, disputait alors les Alpes aux ennemis, & les tenait en alarmes. Il les avait chassés de Nice; il mettait en sûreté nos frontières. Un génie brillant, audacieux, dans qui tout respire la grandeur, la hauteur & les graces, cet homme qui serait encore distingué dans l'Europe, quand même il n'aurait aucune occasion de se signaler, soutenait la liberté de Gênes contre les Autrichiens, les Piémontais & les Anglais. Le Roi d'Espagne inébranlable dans son alliance joignait à nos troupes ses troupes audacieuses & fidéles, dont la valeur ne s'est jamais démentie. Le Royaume de Naples était en sûreté. Louis XV veillait à la fois sur tous ses alliés, & contenait ou accablait tous ses ennemis.

Enfin, par une suite de l'administration secrette, qui donne la vie à ce grand corps politique de la France, l'Etat n'était épuisé ni par les trésors engloutis dans la Bohême & dans la Bavière, ni par les libéralités prodiguées à un Empereur que le Roi avait protégé, ni par ces dépenses immenses qu'exigeaient nos nombreuses armées. L'Autriche & la Savoye, au contraire, ne se soutenaient que par

les subsides de l'Angleterre ; & l'Angleterre commençait à succomber sous le fardeau ; son sang &
ses trésors se perdaient pour des intérêts qui n'é-
taient pas les siens. La Hollande se ruinait & s'en-
chaînait par opiniâtreté : des craintes imaginaires
lui faisaient éprouver des malheurs réels ; & nous
victorieux & tranquilles , nous regardions de loin,
dans le sein de l'abondance , tous les fléaux de
la guerre portés loin de nos Provinces.

Nous avons payé avec zéle tous les impôts , quelques grands qu'ils fussent ; parce que nous avons
senti qu'ils étaient nécessaires & établis avec une
sage proportion. Aussi (ce qui peut-être n'était jamais
arrivé depuis plusieurs siécles) aucun Ministre des
Finances n'a excité le moindre murmure , aucun
Financier n'a été odieux ; & quand , sur quelques
difficultés , le Parlement a fait des remontrances à
son Maître, on a cru voir un pere de famille qui
consulte , sur les intérêts de ses enfans, les Inter-
prétes des Loix.

Il s'est trouvé un homme qui a soutenu le crédit de la nation par le sien ; crédit fondé à la fois
sur l'industrie & sur la probité, qui se perd si aisément, & qui ne se rétablit plus quand il est dé-
truit. C'étoit un des prodiges de notre siécle ; &
ce prodige ne nous frapait pas peut-être assez ; nous
y étions accoutumés , comme aux vertus de notre
Monarque. Nos camps devant tant de places assié-
gées ont été semblables à des Villes policées, où
régnent l'ordre, l'affluence & la richesse. Ceux qui
ont ainsi fait subsister nos amées, étaient des hommes dignes de seconder ceux qui nous ont fait
vaincre.

Vous pardonnez , Héros équitable ; Héros mo-
deste , vous pardonnez sans doute, si on ose mêler
l'éloge de vos sujets à celui du Pere de la Patrie.

Vous

Vous les avez choisis. Quand tous les ressorts d'un État se déploient d'un concert unanime, la main qui les dirige est celle d'un grand homme ; peut-être cesserait-il de l'être, s'il voyait d'un œil chagrin & jaloux la justice qui leur est rendue.

Graces à cette administration unique, le Roi n'a jamais éprouvé cette douleur si cruelle pour un bon Prince, de ne pouvoir récompenser ceux qui ont prodigué leur sang pour l'État.

Jamais, dans le cours de cette longue guerre, le Ministre n'a ignoré, ni laissé ignorer au Prince aucune belle action du moindre Officier ; & toutes nombreuses, toutes communes qu'elles sont devenues, jamais la récompense ne s'est fait attendre. Mais quel pouvoir chez les hommes est assez grand pour mettre un prix à la vie ? Il n'en est point ; & si le cœur du Maître n'est pas sensible, on n'est mort que pour un ingrat.

Citoyens heureux de la Capitale, plusieurs d'entre vous verront, dans leurs voyages, ces terreins que LOUIS XV. a rendu si célébrés, ces plaines sanglantes que vous ne connaissez encore que par les réjouissances paisibles qui ont célébré des victoires si chérement achetées : quand vous aurez reconnu la place où tant de Héros sont morts pour vous, versez des larmes sur leurs tombeaux : imitez votre Roi qui les regrette.

Un de nos Princes écrivait au Roi, de la cime des Alpes qui étaient sur ses champs de victoire : *Le Colonel de mon Régiment a été tué. Vous connaissez trop, Sire, tout le prix de l'amitié, pour n'être pas touché de ma douleur.* Qu'une telle Lettre est honorable, & pour qui l'écrit, & pour qui la reçoit ! Ô hommes, apprenez d'un Prince & d'un Roi ce que vaut le sang des hommes.

Puissent ceux qui croient que dans les Cours

D

l'intrigue ou le hazard distribue toujours les récompenses, lire quelques-unes de ces Lettres que le Monarque écrivait après ces victoires. *J'ai perdu*, dit-il dans un de ces Billets où le cœur parle, & où le Héros se peint, *j'ai perdu un honnête & un brave Officier, que j'estimais & que j'aimais. Je sçais qu'il a un frere dans l'état Ecclésiastique; donnez-lui le premier Bénéfice, s'il en est digne, comme je le crois.*

Peuples, c'est ainsi que vous êtes gouvernés. Songez quelle est votre gloire au dehors, votre tranquillité au dedans: voyez les arts protégés au milieu de la guerre; comparez tous les temps; comptez-les depuis Charlemagne: quel siecle trouverez-vous comparable à notre âge? Celui du regne trop court de l'immortel Henri IV, depuis la Paix de Vervins, & encore quel affreux levain restait des discordes des quatre Régnes; les belles & triomphantes années de Louis XIV. mais quels malheurs les ont suivies? Et puisse notre bonheur être plus durable! Enfin, vous trouverez soixante ans peut-être de grandeur & de félicité répandues dans plus de neuf siecles; tant le bonheur public est rare; tant le chemin est lent, qui mene en tout genre à la perfection; tant il est difficile de gouverner les hommes & de les satisfaire.

On s'est plaint, (car la vérité ne dissimule rien, & nous sommes assez grands pour avouer ce qui nous manque,) on s'est plaint qu'un seul ressort se soit rencontré faible dans cette vaste & puissante machine si habilement conduite. Louis XV. en prenant à la fois le timon de l'Etat, & l'épée, ne trouva point dans ses Ports de ces flottes nombreuses, de ces grands établissemens de Marine, qui sont l'ouvrage du temps. Un effet précipité ne peut, en ce genre, suppléer à ce qui demande tant

de prévoyance & une si longue application. Il n'en
est pas de nos forces maritimes comme de ces tri-
rêmes que les Romains apprirent si rapidement à
construire & à gouverner. Un seul vaisseau de guerre
est un objet plus grand que les flottes qui décidèrent
auprès d'Actium de l'Empire du monde. Tout ce
qu'on a pu faire, on l'a fait. Nous avons même
armé plus de vaisseaux que n'en avait la Hollande,
qu'on appelle encore *Puissance maritime* ; mais il
n'était pas possible d'égaler en peu d'années l'Angleterre, qui étant si peu de chose par elle-même
sans l'empire de la mer, regarde depuis si long-temps
cet empire comme le seul fondement de sa puissance, & comme l'essence de son Gouvernement.
Les hommes réussissent toujours dans ce qui leur
est absolument nécessaire ; & ce qui est nécessaire
à un Etat, est toujours ce qui en fait la force. Ainsi
la Hollande a ses navires marchands ; la Grande-
Bretagne ses armées navales ; la France ses armées
de terre.

Le Ministre qui prêtait la main aux rênes du
Gouvernement dans le commencement de la guerre,
était dans cette extrême vieillesse où il ne reste plus
que deux objets, le moment qui suit, & l'éternité. Il
avait su long-temps retenir comme enchaînées
ces flottes de nos voisins, toujours prêtes à courir les
mers, & à s'élancer contre nous. Ses négociations
lui avaient acquis le droit d'espérer que ses yeux
prêts à se fermer, ne verraient plus la guerre ; mais
Dieu, qui prolonge & retranche à son gré nos
années, frapa Charles VI. avant lui, & cette mort
imprévue, comme le sont presque tous les événemens, fut le signal de plus de deux cens mille morts.
Enfin la sagesse de ce vieillard respectable, ses ser-
vices, sa douceur, son égalité, son désintéressement
personnel méritaient nos éloges, & son âge nos ex-

D ij

onfes. S'il avait pû lire dans l'avenir, il aurait ajouté à la puissance de l'Etat ce rempart de vaisseaux, cette force qui peut se porter à la fois dans les deux hémisphères : & que n'aurait-on point exécuté ? Le Héros aussi admirable qu'infortuné, qui aborda seul dans son ancienne patrie, qui seul y a formé une armée, qui a gagné tant de combats, qui ne s'est affaibli qu'à force de vaincre, aurait recueilli le fruit de son audace plus qu'humaine ? & ce Prince, supérieur à Gustave Vasa ayant commencé comme lui, aurait fini de même.

Mais enfin, quoique ces grandes ressources nous manquassent, notre gloire s'est conservée sur les mers. Tous nos Officiers de Marine combattant avec des forces inférieures ont fait voir qu'ils eussent vaincu, s'ils en avaient eu d'égales. Notre commerce a souffert, & n'a jamais été interrompu ; nos grands établissemens ont subsisté ; nous avons renversé ceux de nos ennemis aux extrémités de l'orient. Nous étions par-tout à craindre, & tout tombait devant nous en Flandre.

Dans ces circonstances heureuses on vole de la victoire de Lawfelt aux bastions de Berg-op-zoom. On sçavait que les Requesens, les Parme, les Spinola, ces Héros de leur siécle, en avaient tour à tour levé le siége. Louis XIV. lui-même dont l'armée victorieuse se répandit comme un torrent dans quatre Provinces de la Hollande, ne voulut pas se commettre à l'assiéger. Cohorn, le Vauban Hollandais, en avait fait depuis la place de l'Europe la plus forte. Là mer & une armée entière la défendait. Louis XV. en ordonne le siége, & nous la prenons d'assaut. Le Guerrier qui avait forcé Osakow dans la Tartarie, déploie ainsi sur cette frontiére de la Hollande de nouveaux secrets de l'art de la guerre ; secrets au dessus des régles de l'art. A cette nouvelle conquête qui répandit tant de consternation chez les ennemis, & qui étonna tous les vainqueurs, l'Europe pense que Louis XV. cessera d'être si facile, qu'il fera éclater enfin cette ambition cachée qu'on redoute, & qu'on justifie en la supposant toujours. Il le faut avouer, les ennemis ont fait ce qu'ils ont pu pour la lui inspirer. Ils sont heureux, ils n'ont pas réussi. Il arbore le même olivier sur ces murs écrasés & fumans de sang, il ne propose rien de plus que ce qu'il offrait dans ses premières prospérités.

Cet excès de vertu ne persuade pas encore, il était trop peu vraisemblable : on ne veut point recevoir la loi de celui qui peut l'imposer ; on tremble, & on s'aigrit. Le vaincu est aussi obstiné dans sa haine, que le vainqueur est constant dans sa clémence. Qui aurait jamais cru que cette opiniâtreté eût pu se porter jusqu'à chercher des troupes auxiliaires dans ces climats glacés, qui n'a guères n'étaient connus que de nom ? Qui eût pensé que ces habitans des bords du Volga & de la mer Caspienne dussent être appellés au bord de la Meuse ? Ils viennent cependant ; & cent mille hommes qui couvrent Maestrich, les attendent pour renouveller toutes les horreurs de la guerre. Mais tandis que les soldats Hyperboréens font cette marche si longue & si pénible, le Général chargé du destin de la France, confond en une seule marche tant de projets. Par quel art a-t-il pu faire passer son armée à travers l'armée ennemie ? Comment Maestrich est-il tout d'un coup assiégé en leur présence ? Par quelle intelligence sublime les a-t-il dispersés ? Maestrich est aux abois ; on tremble dans Nimégue : les Généraux ennemis se reprochent les uns aux autres ce coup fatal qu'aucun d'eux n'a prévu ; toutes les ressources leur manquent à la fois, il ne leur reste plus qu'à

demander cette même paix qu'ils ont tant rejettée.
Quelles conditions nous imposerez-vous, difent-ils?
Les mêmes, répond le Roi victorieux, que je vous
ai préfentées depuis quatre années, & que vous
auriez acceptées fi vous m'aviez connu. Il en figne
les préliminaires : le voile qui couvroit tous les
yeux, tombe alors ; & les plus fages de nos ennemis s'écrient : Le Père de la France eft donc le Père
de l'Europe.

Les Anglais fur-tout, chez qui la raifon a toujours quelque chofe de fupérieur quand elle eft tranquille, rendent comme nous juftice à la vertu : eux
qui s'irritérent fi long-temps contre la gloire de
Louis XIV. chériffent celle de Louis XV.

Ce grand ouvrage de la paix n'eft pas encore fini ;
mais la terre doit des remercimens à qui l'a commencé. Et malheur à la main cruelle qui renverfe-
rait l'édifice de la félicité publique que Louis XV.
éleve de fes mains triomphantes !

Il y a toujours des hommes qui contredifent la
voix publique. Des Politiques ont demandé pourquoi ce vainqueur fe contente de la juftice qu'il fait
rendre à fes alliés? Pourquoi il s'en tient à faire le
bonheur des hommes? Il pouvait d'un mot gagner
plufieurs villes. Oui, il le pouvait fans doute. Mais
lequel vaut le mieux pour un Roi de France &
pour nous, de retenir quelques faibles conquêtes
inutiles à fa grandeur, en laiffant dans le cœur de
fes ennemis des femences éternelles de difcorde &
de haine, ou bien de fe contenter du plus beau
Royaume de l'Europe, en conquérant des cœurs
qui femblaient pour jamais aliénés, en fermant ces
anciennes plaies que la jaloufie faifait faigner, en
devenant l'arbitre des nations fi long-temps conju-
rées contre nous? Quel Roi a fait jamais une paix
plus utile? Il faut enfin rendre gloire à la vérité.

Louis XV. apprend aux hommes que la plus grande politique est d'être vertueux. Que nous reste-t-il à souhaiter désormais, sinon qu'il se ressemble toujours à lui-même, & que les Rois à venir lui ressemblent?

EXTRAIT

D'UNE LETTRE

DE M. LE PRÉSIDENT DE ***.

CE Panégyrique, d'autant plus éloquent qu'il ne paraît pas prétendre à l'éloquence, étant fondé uniquement sur les faits, est également glorieux pour la nation. Je ne crois pas qu'on puisse lui comparer celui que Péliſſon compoſa pour Louis XIV. Ce n'était qu'un Diſcours vague ; celui-ci eſt appuyé ſur les événemens les plus grands, ſur les anecdotes les plus intéreſſantes. C'eſt un tableau de l'Europe, c'eſt un précis de la guerre, c'eſt un ouvrage qui annonce à chaque page un bon citoyen, c'eſt un éloge où il n'y a pas un mot qui ſente la flatterie. Il devrait avoir été prononcé dans l'Académie avec la plus grande ſolemnité, & la Capitale doit l'envier aux Provinces où il a été imprimé.

******

DES EMBELLISSEMENS

DE PARIS.

UN seul citoyen qui n'était pas fort riche, mais qui avait une grande ame, fit à ses dépens la Place des Victoires, & érigea par reconnaissance une statue à son Roi. Il fit plus que sept cents mille citoyens n'ont encore fait dans ce siécle. Nous possédons dans Paris de quoi acheter des Royaumes; nous voyons tous les jours ce qui manque à nôtre Ville, & nous nous contentons de murmurer. On passe devant le Louvre, & on gémit de voir cette façade, monument de la grandeur de Louis XIV, du zéle de Colbert, & du génie de Perrault, cachée par des bâtimens de Gots & de Vandales. Nous courons aux Spectacles, & nous sommes indignés d'y entrer d'une maniére si incommode & si dégoûtante, d'y être placés si mal à notre aise, de voir des Sales si grossiérement construites, des Théâtres si mal entendus, & d'en sortir avec plus d'embarras & de peine qu'on n'y est entré. Nous rougissons avec raison de voir les Marchés publics établis dans des rues étroites, étaler la mal-propreté, répandre l'infection, & causer des désordres continuels. Nous n'avons que deux fontaines dans le grand goût; & il s'en faut bien qu'elles soient avantageusement placées : toutes les autres sont dignes d'un village. Des quartiers immenses demandent des Places publiques; & tandis que l'Arc de triomphe de la Porte S. Denys, la Statue équestre de Henri le Grand, ces deux Ponts, ces deux Quais

superbes, ce Louvre, ces Thuilleries, ces Champs
Elysées égalent ou surpassent les beautés de l'ancienne Rome, le centre de la Ville obscur, resserré,
hideux, représente le temps de la plus honteuse
barbarie. Nous le disons sans cesse ; mais jusqu'à
quand le dirons-nous sans y remédier ?

A qui appartient-il d'embellir la Ville, sinon aux
habitans qui jouissent dans son sein de tout ce que
l'opulence & les plaisirs peuvent prodiguer aux hommes ? On parle d'une Place & d'une Statue du Roi ;
mais depuis le temps qu'on en parle, on a bâti une
Place dans Londres, & on a construit un Pont sur
la Tamise au milieu même d'une guerre plus funeste & plus ruineuse pour les Anglais que pour
nous. Ne pouvant pas avoir la gloire de donner
l'exemple, ayons au moins celle d'enchérir sur les
exemples qu'on nous donne. Il est temps que ceux
qui sont à la tête de la plus opulente Capitale de
l'Europe, la rendent la plus commode & la plus
magnifique. Ne serons-nous pas honteux à la fin de
nous borner à de petits feux d'artifices vis-à-vis un
bâtiment grossier, dans une petite Place destinée à
l'exécution des criminels ? Qu'on ose élever son
esprit, & on fera ce qu'on voudra. Je ne demande
autre chose, sinon qu'on veuille avec fermeté. Il
s'agit bien d'une Place ! Paris serait encore très-
incommode & très-irrégulier, quand cette Place
serait faite. Il faut des Marchés publics, des Fontaines qui donnent en effet de l'eau, des Carrefours
réguliers, des Sales de Spectacles. Il faut élargir
les rues étroites & infectes, découvrir les monumens
qu'on ne voit point, & en élever qu'on puisse voir.

La bassesse des idées, la crainte encore plus basse
d'une dépense nécessaire viennent combattre ces
projets de grandeur que chaque bon citoyen a faits
cent fois en lui-même. On se décourage quand on

songe à ce qu'il en coûtera pour élever ces grands
monumens, dont la plûpart deviennent chaque jour
indiſpenſables ; & qu'il faudra bien faire à la fin,
quói qu'il en coûte. Mais au fond il eſt bien certain
qu'il n'en coûtera rien à l'Etat. L'argent employé
à ces nobles travaux ne ſera certainement pas payé
à des étrangers. S'il fallait faire venir le fer d'Allemagne & les pierres d'Angleterre, je vous dirais :
Croupiſſez dans votre molle nonchalance, jouiſſez
en paix des beautés que vous poſſedez, & reſtez
privés de celles qui vous manquent. Mais bien loin
que l'Etat perde à ces travaux, il y gagne ; tous les
pauvres alors ſont utilement employés, la circulation
de l'argent en augmente, & le peuple qui travaille
le plus, eſt toûjours le plus riche. Mais où trouver
des fonds ? Et où en trouverent les premiers Rois
de Rome, quand dans les temps de la pauvreté ils
bâtirent ces ſouterrains, qui furent ſix cents ans
après eux l'admiration de Rome riche & triom-
phante ? Penſons-nous que nous ſoyons moins in-
duſtrieux que ces Egyptiens, dont je ne vanterai
pas ici les Pyramides, qui ne ſont que de groſ-
ſiers monumens d'oſtentation, mais dont je rappellerai tant d'ouvrages néceſſaires & admirables ? Y
a-t-il moins d'argent dans Paris, qu'il n'y en avait
dans Rome moderne, quand elle bâtit S. Pierre,
qui eſt le chef-d'œuvre de la magnificence & du
goût, & quand elle éleva tant d'autres beaux morceaux d'architecture, où l'utile, le noble & l'agréable ſe trouvent enſemble ? Londres n'était pas ſi
riche que Paris, quand ſes Aldermans firent l'Egliſe
de S. Paul, qui eſt la ſeconde de l'Europe, & qui
ſemble nous reprocher notre Cathédrale gothique.
Où trouver des fonds ? En manquons-nous, quand
il faut dorer tant de cabinets & tant d'équipages,
& donner tous les jours des feſtins, qui ruinent la

fanté & la fortune, & qui engourdiſſent à la longue toutes les facultés de l'ame? Si nous calculions
quelle eſt la circulation d'argent que le jeu ſeul
opére dans Paris, nous ſerions effrayés. Je ſuppoſe
que dans dix mille maiſons il y ait au moins mille
francs qui circulent en perte ou en gain par maiſon
chaque année ; (la ſomme peut aller dix fois au
delà) cet article ſeul, tel que je le réduis, monte
à dix millions, dont la perte ſerait inſenſible.

Il y a aujourd'hui beaucoup plus d'argent monnoyé dans le Royaume, qu'il n'en poſſédait quand
Louis XIV. dépenſa quatre cents millions & davantage à Verſailles, à Trianon, à Marly : & ces quatre cents millions à vingt-ſept & vingt-huit livres
le marc, font aujourd'hui beaucoup plus de ſept
cents millions. Les dépenſes de trois boſquets auraient ſuffi pour les embelliſſemens néceſſaires à la
Capitale. Quand un Souverain fait ces dépenſes
pour lui, il témoigne ſa grandeur ; quand il les
fait pour le Public, il témoigne ſa magnanimité.
Mais dans l'un & l'autre cas il encourage les arts,
il fait circuler l'argent, & rien ne ſe perd dans
ſes entrepriſes, ſinon les remiſes faites dans les pays
étrangers pour acheter cherement d'anciennes ſta-
tues mutilées, tandis que nous avons parmi nous
des Phidias & des Praxiteles.

Le Roi, par ſa grandeur d'ame & par ſon amour
pour ſon peuple, voudrait contribuer à rendre ſa
Capitale digne de lui. Mais, après tout, il n'eſt pas
plus Roi des Pariſiens que des Lyonnais & des
Bordelais. Chaque métropole doit ſe ſecourir elle-
même. Faut-il à un particulier un Arrêt du Conſeil
pour ajuſter ſa maiſon ? Le Roi d'ailleurs, après une
longue guerre, n'eſt point en état à préſent de dé-
penſer beaucoup pour nos plaiſirs : & avant d'abbatre les maiſons qui nous cachent la façade de S. Ger-

vais, il faut payer le fang qui a été répandu pour
la patrie. D'ailleurs s'il y a aujourd'hui plus d'efpéces
dans le Royaume que du temps de Louis XIV, les
revenus actuels de la Couronne n'approchent pas
encore de ce qu'ils étaient en effet fous ce Monarque. Car dans les foixante & douze années de ce
régne on leva fur la nation dix-huit milliards numéraires : ce qui fait année commune deux cents
millions cinq cents mille livres, à vingt-fept à trente
livres le marc ; & cette fomme annuelle revient à
environ trois cents trente millions d'aujourd'hui.
Or il s'en faut beaucoup que le Roi ait ce revenu.
On dit toujours, Le Roi eft riche, dans le même
fens qu'on le dirait d'un Seigneur, ou d'un particulier. Mais en ce fens là le Roi n'eft point riche
du tout ; il n'a prefque point de domaines : &
j'obferverai en paffant, que les temps les plus malheureux de la Monarchie ont été ceux où les Rois
n'avaient que leurs domaines pour réfifter à leurs
ennemis & pour récompenfer leurs fujets. Le Roi
eft précifément & à la lettre l'œconome de toute
la nation ; la moitié de l'argent circulant dans le
Royaume paffe par fes Tréforiers comme par un
crible ; & tout homme qui demande au Roi une
gratification, une penfion, dit en effet au Roi :
Sire, donnez-moi une petite portion de l'argent
de mes concitoyens. Refte à fçavoir fi cet homme
a bien mérité de la patrie ; il eft clair qu'alors la
patrie lui doit, & le Roi le paye au nom de l'Etat.
Mais il eft clair encore que le Roi n'a pour les
dépenfes arbitraires que ce qui refte après qu'il a
fatisfait aux dépenfes néceffaires.

Il eft encore très vrai qu'il s'en faut beaucoup
qu'il fe trouve au pair ; c'eft-à-dire, que toutes les
dettes annuelles foient payées au bout de l'année.
Je crois qu'il n'y a que deux Etats en Europe, l'un

très-grand, & l'autre très-petit, où l'on ait établi cette œconomie ; & nous sommes infiniment plus riches que ces deux Etats.

Enfin, que le Roi doive beaucoup, ou peu, ou rien, il est encore certain qu'il ne thésaurise pas, s'il thésaurisait, il y perdrait lui & l'Etat. Henri IV, après des temps d'orages, qui tenaient à la barbarie, gêné encore de tous côtés, & n'obtenant que des remontrances quand il fallait de l'argent pour reprendre Amiens des mains des ennemis ; Henri IV, dis-je, eut raison d'amasser en quelques années, avec ses revenus un trésor d'environ quarante millions, dont vingt-deux étaient enfermés dans les caves de la Bastille. Ce trésor de quarante millions en valait à peu-près cent d'aujourd'hui ; & toutes les denrées (excepté les soldats, que j'ai appelés la plus nécessaire denrée des Rois) étant aujourd'hui du double au moins plus cheres, il est démontré que le trésor de Henri IV. répond à deux cents de nos millions en 1749. Cet argent nécessaire, cet argent que ce grand Prince n'aurait pu avoir autrement, était perdu quand il était enterré ; remis dans le commerce, il aurait valu à l'Etat deux millions numéraires de son temps au moins par année. Henri IV. y perdit donc ; & il n'eût pas enterré son trésor, s'il eût été assuré de le trouver au besoin dans la bourse de ses sujets. Il en usait, tout Roi qu'il était, comme avaient agi les particuliers dans les temps déplorables de la Ligue ; ils enfouissaient leur argent. Ce qui était malheureusement nécessaire alors, serait très-déplacé aujourd'hui. Le Roi a pour trésors la manutention, l'usage de l'argent que lui produisent la culture de nos terres, notre commerce, notre industrie ; & avec cet argent il supporte des charges immenses. Or de ce produit des terres, du commerce, & de l'industrie du Royaume, il en reste dans Paris la plus grande partie ; & si le Roi au bout de l'année redoit encore, c'est-à-dire, s'il n'a pu, comme nous avons dit, de ce produit annuel payer toutes les charges annuelles de l'Etat, s'il n'est pas riche en ce sens, la Ville de Paris n'en est pas moins opulente. Henri IV, avait quarante millions de livres de son temps dans ses coffres. Ce n'est pas exagérer, que de dire que les citoyens de Paris en possèdent six fois autant pour le moins en argent monnoyé. Ce n'est donc pas au Roi, c'est à nous de contribuer à présent aux embellissemens de notre Ville ; les riches citoyens de Paris peuvent la rendre un prodige de magnificence en donnant peu de chose de leur superflu. Y a-t-il un homme aisé qui ait le front de dire : Je ne veux pas qu'il m'en coûte cent francs par an pour l'avantage du Public & pour le mien ? S'il y a un homme assez lâche pour le penser, il ne sera pas assez effronté pour le dire. Il ne s'agit donc que de lever les fonds nécessaires, & il y a cent façons, entre lesquelles ceux qui sont au fait, peuvent aisément choisir.

Que le Corps de Ville demande seulement permission de mettre une taxe modérée & proportionnelle sur les habitans, ou sur les maisons, ou sur les denrées ; cette taxe presqu'insensible, pour embellir notre Ville, sera sans comparaison moins forte que celle que nous supportions pour voir périr sur le Danube nos compatriotes. Que ce même Hôtel de Ville emprunte en rentes viagères, en rentes tournantes quelques millions, qui feront un fonds d'amortissement. Qu'il fasse une Lotterie bien combinée ; qu'il employe une somme fixe tous les ans ; que le Roi daigne ensuite, quand ses affaires le permettront, concourir à ces nobles travaux, en affectant à cette dépense quelques parties des impôts extraordinaires que nous avons payés pendant la guerre ; & que tout cet argent soit fidélement œconomisé ; que les projets soient reçus au concours, que l'exécution soit au rabais : il sera facile de démontrer qu'on peut en moins de dix ans faire de Paris la merveille du monde.

Le conte que l'on fait du grand Colbert, qui en peu de mois mit de l'argent dans les coffres du Roi par les dépenses même d'un carrousel, est une fable ; car les Fermes n'étaient point régies pour le compte du Roi. D'ailleurs on n'aurait pu s'appercevoir qu'à la longue de ce bénéfice : mais c'est une fable qui a un très-grand sens, & qui montre une vérité palpable.

Il est indubitable que de telles entreprises, peupleront Paris de quatre ou cinq mille ouvriers de plus, qu'il en viendra encore des pays étrangers. Or la plûpart arrivent avec leurs familles ; & si ces Artistes gagnent quinze cents mille francs, ils en rendent un million à l'Etat par leurs dépenses, par la consommation des denrées. Le mouvement prodigieux d'argent que ces entreprises opéreraient dans Paris, augmenterait encore de beaucoup le produit des Fermes générales. Si les citoyens qui ont le Bail de ces Fermes générales, gagnent par cette opération quinze cents mille francs par année, s'ils ne gagnent même qu'un million, que cinq cents mille francs, seront-ils lésés qu'on leur propose de contribuer de trois cents mille livres par an, de cinq cents mille francs même, à ce grand ouvrage ? Il y en a beaucoup parmi eux qui pensent assez noblement pour le proposer eux-mêmes : & les secours désintéressés qu'ils ont donnés au Roi pendant la guerre, répondent de ce qu'ils peuvent, & par conséquent de ce qu'ils doivent faire pendant la paix pour leur patrie. Ils ont emprunté

pour

pour le Roi à cinq pour cent, & n'ont reçu du Roi
que cinq pour cent; ainsi ils ont emprunté sans
intérêt. Quand M. Orri en 1743, pour favoriser le
commerce extérieur, supprima les impôts sur les
toiles, sur tous les ouvrages de Bonneterie & les
Tapisseries à la sortie du Royaume, à commencer
en 1744, les Fermiers-Généraux demandèrent
eux-mêmes que l'impôt fût supprimé dès le moment, & ne voulurent pas d'indemnité. Un d'eux
fournit du bled à une Province qui en manquait,
sans y faire le moindre profit, & n'accepta qu'une
Médaille que la Province fit fraper en son honneur.
Enfin, il n'y a pas long-temps que nous avons vu
un homme de Finance, qui seul avait secouru l'État
plus d'une fois, & qui laissa à sa mort dix millions
d'argent prêté à des particuliers, dont cinq ne por-
taient aucun intérêt. Il y a donc de très-grandes
ames parmi ceux qu'on soupçonne de n'avoir que
des ames intéressées : & le Gouvernement peut exciter l'émulation de ceux qui s'étant enrichis dans les
Finances, doivent contribuer à la décoration d'une
Ville où ils ont fait leur fortune. Encore une fois,
il faut vouloir. Le célébre Curé de saint Sulpice
voulut, & il bâtit sans aucun fonds un vaste édifice.
Il nous sera certainement plus aisé de décorer notre
Ville avec les richesses que nous avons, qu'il ne le
fut de bâtir avec rien saint Sulpice & S. Roch. Le
préjugé qui s'effarouche de tout, la contradiction
qui combat tout, diront que tant de projets sont
trop vastes, d'une exécution trop difficile, trop longue. Ils sont cent fois plus aisés pourtant, qu'il ne
le fut de faire venir l'Eure & la Seine à Versailles,
d'y bâtir l'Orangerie, & d'y faire les Bosquets.

Quand Londres fut consumée par les flammes ;
l'Europe disoit : Londres ne sera rebâtie de vingt
ans, & encore verra-t-on son désastre dans les ré-

E

parations de ses ruines. Elle fut rebâtie en deux ans, & le fut avec magnificence. Quoi! ne sera-ce jamais qu'à la dernière extrémité que nous ferons quelque chose de grand? Si la moitié de Paris était brûlée, nous la rebâtirions superbe & commode; & nous ne voulons pas lui donner aujourd'hui à mille fois moins de frais les commodités & la magnificence dont elle a besoin! Cependant une telle entreprise ferait la gloire de la nation, un honneur immortel au Corps de Ville de Paris, encouragerait tous les arts, attirerait les étrangers des bouts de l'Europe, enrichirait l'État bien loin de l'appauvrir, accoutumerait au travail mille indignes fainéans, qui ne fondent actuellement leur misérable vie que sur le métier infâme & punissable de mendians, & qui contribuent encore à déshonorer notre Ville; il en résulterait le bien de tout le monde, & plus d'une sorte de bien. Voilà sans contredit l'effet de ces travaux qu'on propose, que tous les citoyens souhaitent, & que tous les citoyens négligent. Fasse le Ciel qu'il se trouve quelque homme assez zélé pour embrasser de tels projets, d'une ame assez ferme pour les suivre, d'un esprit assez éclairé pour les rédiger, & qui soit assez accrédité pour les faire réussir! Si dans notre Ville immense il ne se trouve personne qui s'en charge, si on se contente d'en parler à table, de faire d'inutiles souhaits, ou peut-être des plaisanteries impertinentes, il faut pleurer sur les ruines de Jérusalem.

DEFENSE

DE

MILORD BOLINGBROKE,

PAR LE DOCTEUR

GOOD NATUR'D WELLWISHER,

Chapelain du Comte de Chesterfield.

TRADUIT DE L'ANGLAIS.

C'EST un devoir de défendre la mémoire des morts illustres. On prendra donc ici la cause de feu Milord Bolingbroke insulté dans quelques Journaux à l'occasion de ses excellentes Lettres qu'on a publiées. Il est dit dans ces Journaux, que *son nom ne doit point avoir d'autorité en matière de Religion & de Morale.* Quant à la Morale, celui qui a fourni à l'admirable Pope tous les principes de son Essai sur l'homme, est sans doute le plus grand Maître de sagesse & de mœurs qui ait jamais été. Quant à la Religion, il n'en a parlé qu'en homme consommé dans l'Histoire & dans la Philosophie. Il a eu la modestie de se renfermer dans la partie historique soumise à l'examen de tous les Sçavans ; & l'on doit croire que si ceux qui ont écrit contre lui avec tant d'amertume, avaient bien examiné ce que l'illustre Anglais a dit, ce qu'il pou-

E ij

vait dire, & ce qu'il n'a point dit, ils auraient plus
ménagé sa mémoire. Milord Bolingbroke n'entrait
point dans des discussions Théologiques à l'égard
de Moyse. Nous suivrons son exemple ici, en prenant sa défense.

Nous nous contenterons de remarquer que la
Foi est le plus sur appui des Chrétiens, & que c'est
par la Foi seule que l'on doit croire les histoires
rapportées dans le Pentateuque. S'il fallait citer ces
Livres au tribunal seul de la raison, comment pour-
rait-on jamais terminer les disputes qu'ils ont exci-
tées ? La raison n'est-elle pas impuissante à expliquer
comment le serpent parlait autrefois, comment il
séduisit la Mère des hommes, comment l'ânesse de
Balaam parlait à son maître ; & tant d'autres choses
sur lesquelles nos faibles connaissances n'ont aucune
prise ? La foule prodigieuse de miracles qui se suc-
cédent rapidement les uns aux autres, n'épouvan-
te-t-elle pas la raison humaine ? Pourra-t-elle comprendre, quand elle sera abandonnée à ses propres
lumières, que les Prêtres des Dieux d'Egypte ayent
opéré les mêmes prodiges que Moyse envoyé du
vrai Dieu ? qu'ils ayent, par exemple, changé toutes les eaux d'Egypte en sang, après que Moyse eut
fait ce changement prodigieux ? Et quelle Physique,
quelle Philosophie suffirait à expliquer comment
ces Prêtres Egyptiens purent trouver encore des eaux
à métamorphoser en sang, lorsque Moyse avait
déjà fait cette métamorphose ?

Certes, si nous n'avions pour guide que la lumière
faible & tremblante de l'entendement humain, il y
a peu de pages dans le Pentateuque que nous puis-
sions admettre suivant les règles établies par les
hommes pour juger des choses humaines. D'ailleurs
tout le monde avoue qu'il est impossible de conci-
lier la chronologie confuse qui règne dans ce Livre,

tout le monde avoue que la Géographie n'y est pas
exacte en beaucoup d'endroits. Les noms des Villes
qu'on y trouve, lesquelles ne furent pourtant ap-
pellées de ces noms que long-temps après, font
encore beaucoup de peine malgré la torture qu'on
s'est donnée pour expliquer des passages si difficiles. Quand Milord Bolingbroke a appliqué les régles de la critique au Livre du Pentateuque, il n'a
point prétendu ébranler les fondemens de la Religion; & c'est dans cette vuë qu'il a séparé le dog-
matique d'avec l'historique avec une circonspection
qui devrait lui tenir lieu d'un très-grand mérite
auprès de ceux qui l'ont voulu décrier. Ce puissant
génie a prévenu ses adversaires, en séparant la foi
de la raison; ce qui est la seule manière de terminer
toutes ces disputes. Beaucoup de sçavans hommes
avant lui, & sur-tout le Pere Simon, ont été de
son sentiment : ils ont dit qu'il importait peu que
Moyse lui-même eût écrit la Genèse & l'Exode, ou
que des Prêtres eussent recueilli dans des temps pos-
térieurs les Traditions que Moyse avait laissées. Il
suffit qu'on croye en ces Livres avec une foi humble
& soumise, sans qu'on sache précisément quel est
l'Auteur à qui Dieu seul les a visiblement inspirés
pour confondre la raison.

Les adversaires du grand homme dont nous prenons la défense, disent qu'*il est aussi bien prouvé
que Moyse est l'Auteur du Pentateuque, qu'il l'est
qu'Homère a fait l'Iliade.* Ils permettront qu'on leur
réponde que la comparaison n'est pas juste. Homère ne cite dans l'Iliade aucun fait qui se soit
passé long-temps après lui. Homère ne donne point
à des Villes, à des Provinces des noms qu'elles n'a-
vaient pas de son temps. Il est donc clair que si on
ne s'attachait qu'aux régles de la critique profane,
on serait en droit de présumer qu'Homère est l'Au-

teur du Pentateuque. La soumission seule à la Religion tranche toutes ces difficultés ; & je ne vois pas pourquoi Milord Bolingbroke soumis à cette Religion, comme un autre, a été si vivement attaqué. On affecte de le plaindre de n'avoir point lû *Abbadie*. A qui fait-on ce reproche ? A un homme qui avait presque tout lû, à un homme qui le cite, *(page 94, du premier tome de ses Lettres, à Londres, chez Miller.)* Il méprisait beaucoup *Abbadie*, j'en conviens ; & j'avouerai qu'*Abbadie* n'était pas un génie à mettre en parallèle avec le Vicomte de Bolingbroke. Il défend quelquefois la vérité avec les armes du mensonge. Il a eu des sentimens que nous avons jugés erronés sur la Trinité ; & enfin il est mort en démence à Dublin.

On reproche au Lord Bolingbroke de n'avoir point lû le Livre de l'Abbé Houteville, intitulé : *La Religion prouvée par les faits.* Nous avons connu l'Abbé Houteville. Il vécut long-temps chez un Fermier-Général, qui avait un fort joli serrail. Il fut ensuite Secrétaire de ce fameux Cardinal du Bois, qui ne voulut jamais recevoir les Sacremens à la mort, & dont la vie a été publique. Il dédia son Livre au Cardinal d'Auvergne, Abbé de Cluni *propter Clunes.* On rit beaucoup à Paris, où j'étais alors, & du livre & de la dédicace ; & on sçait que les objections qui sont dans ce Livre contre la Religion Chrétienne, étant malheureusement beaucoup plus fortes que les réponses, ont fait une impression funeste, dont nous voyons tous les jours les effets avec douleur.

Milord Bolingbroke avance que depuis long-temps le Christianisme tombe en décadence. Ses adversaires ne l'avouent-ils pas aussi ? Ne s'en plaignent-ils pas tous les jours ? Nous prendrons ici la liberté de leur dire, pour le bien de la cause

commune & pour le tout propre, que ce ne sera
jamais par des invectives, par des manières de
parler méprisantes, jointes à de très-mauvaises raisons, qu'on ramenera l'esprit de ceux qui ont le malheur d'être incrédules. Les injures révoltent tout le
monde, & ne persuadent personne. On fait trop
légérement des reproches de *débauche* & de *mauvaise conduite* à des Philosophes qu'on devrait seulement plaindre de s'être égarés dans leurs opinions.

Par exemple, les adversaires de Milord Bolingbroke le traitent de débauché, parce qu'il commu-
nique à Milord Cornsburi ses pensées sur l'Histoire.
On ne voit pas quel rapport cette accusation peut
avoir avec son Livre. Un homme qui du fond d'un
serrail écrirait en faveur du concubinage, un
Usurier qui ferait un Livre en faveur de l'usure,
un Apicius qui écrirait sur la bonne chère, un
Tyran ou un rebelle qui écrirait contre les Loix, de
pareils hommes mériteraient sans doute qu'on accu-
sât leurs mœurs d'avoir dicté leurs écrits. Mais un
homme d'État tel que Milord Bolingbroke, vivant
dans une retraite philosophique, & faisant servir
son immense littérature à cultiver l'esprit d'un Seigneur digne d'être instruit par lui, ne méritait certainement pas que des hommes qui doivent se pi-
quer de décence, imputassent à ses débauches pas-
sées des Ouvrages qui n'étaient que le fruit d'une
raison éclairée par des études profondes.

Dans quel cas est-il permis de reprocher à un
homme les désordres de sa vie? C'est dans ce seul cas-
ci peut-être, quand ses mœurs démentent ce qu'il
enseigne. On aurait pu comparer les Sermons d'un
fameux Prédicateur de notre temps avec les vols
qu'il avait faits à Milord Gallovai, & avec ses intrigues galantes. On aurait pu comparer les Sermons
du célébre Curé des Invalides, & de *Fantin* Curé

E iv

de Versailles, avec les procès qu'on leur fit pour avoir séduit & volé leurs pénitentes. On aurait pu comparer les mœurs de tant de Papes & d'Evêques avec la Religion qu'ils soutenaient par le fer & le feu. On aurait pu mettre d'un côté leurs rapines, leurs bâtards, leurs assassinats ; & de l'autre leurs Bulles & leurs Mandemens. C'est dans de pareilles occasions qu'on est excusable de manquer à la charité, qui nous ordonne de cacher les fautes de nos freres. Mais qui a dit aux détracteurs de Milord Bolingbroke, qu'il aimait le vin & les filles ? Et quand il les aurait aimées, quand il aurait eu autant de concubines que David, Salomon, ou le Grand Turc, en connaîtrait-on davantage le véritable Auteur du Pentateuque ?

Nous convenons qu'il n'y a que trop de Déistes. Nous gémissons de voir que l'Europe en est remplie. La Littérature en est inondée, les Académies en sont pleines. Peut-on dire que ce soit l'esprit de débauche, de licence, d'abandonnement à leurs passions, qui les réunisse ? Oserons-nous parler d'eux avec un mépris affecté ? Si on les méprisait tant, on écrirait contr'eux avec moins de fiel ; mais nous craignons beaucoup que ce fiel qui est trop réel, & ces airs de mépris qui sont faux, ne fassent un effet tout contraire à celui qu'un zéle doux & charitable, soutenu d'une doctrine saine & d'une vraie Philosophie, pourrait produire.

Pourquoi traiterons-nous plus durement les Déistes qui ne sont point des idolâtres, que les Papistes à qui nous avons tant reproché d'idolâtrie ? On sifflerait un Jésuite qui dirait aujourd'hui que c'est le libertinage qui fait des Protestans. On rirait d'un Protestant qui dirait que c'est la dépravation des mœurs qui fait aller à la Messe. De quel droit

pouvons-nous donc dire à des Philofophes adorateurs d'un Dieu, qui ne vont ni à la Meffe, ni
au Prêche, que ce font des hommes perdus de
vices ?

Il arrive quelquefois que l'on ofe attaquer avec
des inyectives indécentes des perfonnes qui à la vérité font affez malheureufes pour fe tromper, mais
dont la vie pourrait fervir d'exemple à ceux qui les
attaquent. On a vu des Journaliftes qui ont même
porté l'imprudence jufqu'à défigner injurieufement
les perfonnes les plus refpectables de l'Europe &
les plus puiffantes. Il n'y a pas long-temps que dans
un papier public un homme emporté par un zéle
indifcret, ou par quelqu'autre motif, fit une étrange fortie contre ceux qui penfent que de *fages
loix, la difcipline militaire, un gouvernement équitable & des exemples vertueux peuvent fuffire pour
gouverner les hommes, en laiffant à Dieu le foin
de gouverner les confciences.* Un très-grand homme
était défigné dans cet Écrit périodique en termes
bien peu mefurés. Il pouvait fe venger comme homme, il pouvait punir comme Prince ; il répondit en
Philofophe : *Il faut que ces miférables foient bien
perfuadés de nos vertus, & fur-tout de notre indul-
gence, puifqu'ils nous outragent fans crainte avec
tant de brutalité.*

Une telle réponfe doit bien confondre l'Auteur,
quel qu'il foit, qui en combattant pour la caufe du
Chriftianifme a employé des armes fi odieufes. Con-
jurons nos freres de fe faire aimer pour faire aimer
notre Religion. Que peuvent penfer en effet un
Prince appliqué, un Magiftrat chargé d'années, un
Philofophe qui aura paffé fes jours dans fon cabinet,
en un mot tous ceux qui auront eu le malheur d'embraffer le Déifme par illufion d'une fageffe trom-

peuse, quand ils voient tant d'écrits où on les traite
de cerveaux évaporés, de petits-maîtres, de gens à
bons mots & à mauvaises mœurs ? Prenons garde
que le mépris & l'indignation que de pareils écrits
leur inspirent, ne les affermissent dans leurs sentimens.

Ajoutons un nouveau motif à ces considérations.
C'est que cette foule de Déistes qui couvre l'Europe, est bien plus près de recevoir nos vérités, que
d'adopter les dogmes de la Communion Romaine.
Ils avouent tous que notre Religion est plus sensée
que celle des Papistes. Ne les éloignons donc pas,
nous qui sommes les seuls capables de les ramener.
Ils adorent un Dieu, & nous aussi ; ils enseignent
la vertu, & nous aussi. Ils veulent qu'on soit soumis aux Puissances, qu'on traite tous les hommes
comme des freres, nous pensons de même, nous par-
tons des mêmes principes. Agissons donc avec eux
comme des parens qui ont entre les mains les titres
de la famille, & qui les montrent à ceux qui, des-
cendus de la même origine, sçavent seulement
qu'ils ont le même pere, mais qui n'ont pas les papiers de la maison.

Un Déiste est un homme qui est de la Religion
d'Adam, de Sem, de Noé. Jusques-là il est d'accord avec nous. Disons-lui : Vous n'avez qu'un pas
à faire de la Religion de Noé aux préceptes donnés à Abraham. Après la Religion d'Abraham passez
à celle de Moyse. Quittez tout de suite la Religion de Moyse pour celle du Messie. Enfin quand
vous aurez vu que la Religion du Messie a été cor-
rompue, vous choisirez entre Wiclef, Jean Huss,
Calvin, Mélanchton, Œcolompade, Zuingle,
Storck, Parker, Servet, Solen, Fox, & d'autres
réformateurs. Ainsi vous aurez un fil qui vous con-

duite dans ce grand labyrinthe depuis la création
de la terre jusqu'à l'année 1752. * S'il nous répond
qu'il a lû tous ces grands hommes , & qu'il aime
mieux être de la Religion de Socrate , de Platon ,
de Trajan, de Marc-Aurèle , de Cicéron , de Pline , &c. nous le plaindrons , nous prierons Dieu
qu'il l'illumine , & nous ne lui dirons point d'in-
jure. Nous n'en difons point aux Mufulmans , aux
difciples de Confucius. Nous ne chargeons point
d'invectives les Juifs mêmes qui ont fait mourir
notre Dieu par le dernier fupplice ; au contraire nous
commerçons avec eux , nous leur accordons les
plus grands priviléges. Nous n'avons donc aucune
raifon pour crier avec tant de fureur contre ceux
qui adorent un Dieu avec les Mufulmans , les Chinois , les Juifs & nous , & qui ne reçoivent pas
plus notre Théologie que toutes ces nations la reçoivent.

Nous concevons bien qu'on ait pouffé des cris
terribles dans le temps que d'un côté on vendait
les Indulgences & les Bénéfices , & que de l'autre
on dépoffédait des Evêques , & qu'on forçait les
portes des Cloîtres. Le fiel coulait alors avec le
fang : il s'agiffait de conferver ou de détruire des
ufurpations ; mais nousne voyons pas que ni Milord Bolingbroke , ni Milord Shafterburi , ni l'illuftre Pope , qui a immortalifé les principes de l'un
& de l'autre , ayent voulu toucher à la penfion
d'aucun Miniftre du faint Evangile. Jurieu fit bien
ôter une penfion à Bayle , mais jamais Bayle ne
fongea à faire diminuer les appointemens de Jurieu.
Demeurons donc en repos. Prêchons une morale
auffi pure que celle des Philofophes adorateurs

* Cette Défenfe de Milord Bolingbroke a été imprimée en
Novembre 1752.

d'un Dieu, qui d'accord avec nous dans ce grand
principe, enseignent les mêmes vertus que nous,
sur lesquelles personne ne dispute, mais qui n'enseignent pas les mêmes dogmes sur lesquels on dispute
depuis dix-sept cents ans, & sur lesquels on dis-
putera encore.

LETTRES

SUR

DIFFERENS SUJETS.

LETTRE

DE M. DE VOLTAIRE

A UN HOMME DE LETTRES DE LEIPSICK,

*Qui lui avait envoyé un extrait traduit en Français
du Poëme Allemand d'Arminius.*

De Leipsick.

JE vous renvoye, Monsieur, le manuscrit que vous
m'avez fait l'honneur de me confier. J'ai apperçu
à travers la traduction la plus sublime Poësie, &
les sentimens les plus vertueux, comme on adorait
autrefois les Divinités, dont les statues étaient couvertes d'un voile. Si vous connaissez le jeune Auteur, je vous prie de l'assurer de ma parfaite estime.
C'est un sentiment que je vous ai voué il y a long-
temps, aussi-bien qu'à votre illustre épouse. J'y
joins aujourd'hui l'amitié & la reconnaissance que
je dois à vos bontés prévenantes.

Permettez-moi de finir ce petit billet comme les
Anciens, que vous imitez si bien. *Scribe, & vale.*

LETTRE

DE M. DE VOLTAIRE

A L'AUTEUR

du Poëme Allemand d'Arminius.

De Leipſick.

PArdonnez, Monſieur, à un pauvre malade qui ne peut guéres écrire, ſi je ne vous dis qu'en deux mots à quel point vous avez gagné mon eſtime. Pardonnez à un Français, & à un homme de Lettres, ſi j'en uſe avec ſi peu de cérémonies. Mais je ne me pardonnerai jamais d'ignorer une langue que les Gottſcheds & vous rendez néceſſaire à tous les amateurs de la Littérature.

Jeh bihn umſtand ſins gehorſamer diener,

VOLTAIRE.

LETTRE

DE M. DE VOLTAIRE

A DOM CALMET,

ABBÉ DE SENONES.

De Lunéville.

JE préfère, Monsieur, la retraite à la Cour, & les grands hommes aux Rois. J'aurais la plus grande envie d'aller passer quelques semaines avec vous & vos Livres. Il ne me faudroit qu'une cellule chaude; & pourvu que j'eusse du potage gras, un peu de mouton & des œufs, j'aimerais mieux cette heureuse & saine frugalité qu'une chère royale. Enfin, Monsieur, je ne veux pas avoir à me reprocher d'avoir été si près de vous, & n'avoir point eu l'honneur de vous voir. Je veux m'instruire avec celui dont les Livres m'ont formé, & aller puiser à la source. Je vous en demande la permission. Je serai un de vos Moines ; ce sera Paul qui ira visiter Antoine. Mandez-moi si vous voulez bien me recevoir ; en ce cas je profiterai de la première occasion que je trouverai ici, pour aller dans le séjour de la sagesse.

J'ai l'honneur, &c.

F

LETTRE
DE M. DE VOLTAIRE
A UN INTENDANT,

En lui recommandant un Juif.

BEni soit, Monsieur, l'ancien Testament qui me fournit aujourd'hui l'occasion de vous dire que de ceux qui adorent le nouveau, il n'y a personne qui vous soit plus attaché que moi. Un descendant de Jacob, honnête Fripier, comme sont tous ces Messieurs, attendant très-fermement le Messie, attend aussi votre protection dont il a plus besoin. Les gens du premier métier de saint Matthieu, qui fouillent les Juifs & les Chrétiens aux portes de votre Ville, ont saisi je ne sçais quoi à un Page Israélite appartenant en toute humilité à ce Circoncis. Permettez-moi, Monsieur, de joindre mes *Amen* aux siens. Je ne vous vis à Paris que comme Moyse vit Dieu ; & il me serait bien doux de vous voir long-temps face à face, si le mot de face est fait pour moi. Conservez vos bontés à votre ancien & éternel serviteur.

LETTRE

DE M. DE VOLTAIRE,

SUR

SON POÈME DE FONTENOY.

LE Public ſçait, Monſieur, que ce Poëme, com-
poſé d'abord avec la rapidité que le zèle inſpire,
reçut des accroiſſemens à chaque édition qu'on
en faiſait. Toutes les circonſtances de la victoire
de Fontenoy qu'on apprenait à Paris de jour en
jour, méritaient d'être célébrées; & ce qui n'était
d'abord qu'une Pièce de cent vers, eſt devenu un
Poëme qui en contient plus de trois cents quarante:
mais on y a gardé toujours le même ordre, qui
conſiſte dans la préparation, dans l'action, & dans
ce qui la termine. On n'a fait même que mettre
cet ordre dans un plus grand jour, en traçant le
portrait des nations dont était compoſée l'armée
ennemie, & en ſpécifiant leurs trois attaques.

On a peint avec des traits vrais, mais non injurieux, les nations dont Louis XV. a triomphé. Par
exemple, quand on dit des Hollandais, qu'ils
avaient autrefois briſé le joug de l'Autriche cruelle,
il eſt clair que c'eſt de l'Autriche alors cruelle
envers eux, que l'on parle: car aſſurément elle ne
l'eſt pas aujourd'hui pour les Etats-Généraux; &
d'ailleurs la Reine de Hongrie, qui ajoute tant à
la gloire de la Maiſon d'Autriche, ſçait combien
les Français reſpectent ſa perſonne & ſes vertus,
en étant forcés de la combattre.

F ij

Quand on dit des Anglais : *Et la férocité le cède à la vertu* , on a eu soin d'avertir en notes dans toutes les éditions , que ce reproche de férocité ne tombait que sur le soldat.

En effet , il est très-véritable que lorsque la colonne Anglaise déborda Fontenoy , plusieurs soldats de cette nation criérent : *No quarter* , point de quartier. On sçait encore que quand M. de Sechelles seconda les intentions du Roi avec une prévoyance si singuliére , & qu'il fit préparer autant de secours pour les prisonniers ennemis blessés , que pour nos troupes , quelques fantassins Anglais s'acharnerent encore contre nos soldats dans les chariots même où l'on transportait les vainqueurs & les vaincus blessés. Les Officiers qui ont par-tout à peu-près la même éducation dans toute l'Europe , ont aussi la même générosité : mais il y a des pays où le peuple , abandonné à lui-même , est plus farouche qu'ailleurs. On n'en a pas moins loué la valeur & la conduite de cette nation ; & sur-tout on n'a cité le nom de M. le Duc de Cumberland qu'avec l'éloge que sa magnanimité doit attendre de tout le monde.

Quelques Etrangers ont voulu persuader au Public que l'illustre Adisson , dans son Poëme de la campagne de Hoshted , avait parlé plus honorablement de la Maison du Roi , que l'Auteur même du Poëme de Fontenoy. Ce reproche a été cause qu'on a recherché l'Ouvrage de M. Adisson à la Bibliothéque de Sa Majesté ; & on a été bien surpris d'y trouver beaucoup plus d'injures que de louanges : c'est vers le trois centiéme vers. On ne les répetera point , & il est bien inutile d'y répondre : la Maison du Roi leur a répondu par des victoires. On est très-éloigné de refuser à un grand Poëte & à un Philosophe très-éclairé , tel que M. Adisson , les éloges qu'il mérite ; mais il mériterait davantage ,

& il aurait plus honoré la Philosophie ou la Poésie, s'il avait plus ménagé dans son Poëme des Têtes couronnées, qu'un ennemi même doit toujours respecter ; & s'il avait songé que les louanges données aux vaincus sont un laurier de plus pour les vainqueurs. Il est à croire que, quand M. Adisson fut Secrétaire d'Etat, le Ministre se repentit de ces indécences échapées à l'Auteur.

Si l'Ouvrage Anglais est trop rempli de fiel, celui-ci respire l'humanité. On a songé, en célébrant une bataille, à inspirer des sentimens de bienséance. Malheur à celui qui ne pourrait se plaire qu'aux peintures de la destruction & aux images des malheurs des hommes !

Les peuples de l'Europe ont des principes d'humanité, qui ne se trouvent point dans les autres parties du monde : ils sont plus liés entr'eux, ils ont des loix qui leur sont communes. Toutes les Maisons des Souverains sont alliées ; leurs sujets voyagent continuellement, & entretiennent une liaison réciproque. Les Européens Chrétiens sont ce qu'étaient les Grecs, ils se font la guerre entr'eux ; mais ils conservent dans ces dissensions d'ordinaire tant de bienséance & de politesse, que souvent un Français, un Anglais, un Allemand qui se rencontrent, paraissent être nés dans la même ville. Il est vrai que les Lacédémoniens & les Thébains étaient moins polis que le peuple d'Athènes : mais enfin toutes les nations de la Grèce se regardaient comme des alliés, qui ne se faisaient la guerre que dans l'espérance certaine de la paix : ils insultaient rarement à des ennemis, qui dans peu d'années devaient être leurs amis. C'est sur ce principe qu'on a tâché que cet Ouvrage fût un monument de la gloire du Roi, & non de la honte des nations dont il triomphe : on serait fâché d'avoir écrit contr'elles avec autant d'aigreur que quelques Français en ont mis dans leurs satyres contre cet Ouvrage d'un de leurs compatriotes ; mais la jalousie d'Auteur à Auteur est beaucoup plus grande que celle de nation à nation.

On dit des Suisses qu'ils sont nos antiques amis & nos concitoyens ; parce qu'ils le sont depuis deux cents cinquante ans. On a dit que les étrangers qui servent dans nos armées, ont suivi l'exemple de la Maison du Roi & de nos autres troupes ; parce qu'en effet c'est toujours à la nation qui combat pour son Prince, à donner cet exemple, & que jamais cet exemple n'a été mieux donné.

On n'ôtera jamais à la nation Française la gloire de la valeur & de la politesse. On a osé imprimer que ce vers,

Je vois cet Étranger qu'on croit né parmi nous,

était un compliment à un Général né en Saxe, d'avoir l'air Français. Il est bien question ici d'air & de bonne grace. Quel est l'homme qui ne voit évidemment que ce vers signifie que ce Général est aussi attaché au Roi, que s'il était né son sujet ?

Cette critique est aussi judicieuse que celle de quelques personnes qui prétendirent qu'il n'était pas honnête de dire que ce Général était dangereusement malade, lorsqu'en effet son courage lui fit oublier l'état douloureux où il était réduit, & le fit triompher de la faiblesse de son corps, ainsi que des ennemis du Roi.

Voilà tout ce que la bienséance en général permet qu'on réponde à ceux qui en ont manqué.

L'Auteur n'a eu d'autre vue que de rendre fidélement ce qui était venu à sa connaissance ; & un seul regret est de n'avoir pu, dans un si court espace de temps, & dans une Piéce de si peu d'étendue,

célébrer toutes les belles actions dont il a depuis
entendu parler ; il ne pouvait dire tout ; mais au
moins ce qu'il a dit, est vrai : la moindre flatterie
eût déshonoré un Ouvrage fondé sur la gloire du
Roi & sur celle de la nation. Le plaisir de dire la
vérité l'occupait si entièrement, que ce ne fut qu'à
près six éditions, qu'il envoya son Ouvrage à la
plûpart de ceux qui y sont célèbres.

Tous ceux qui sont nommés, n'ont pas eu les occasions de se signaler également. Celui qui, à la tête
de son Régiment, attendait l'ordre de marcher,
n'a pu rendre le même service qu'un Lieutenant-
Général, qui était à portée de conseiller de fondre
sur la colonne Anglaise, & qui partit pour la charger avec la Maison du Roi. Mais si la grande action
de l'un mérite d'être rapportée, le courage impa-
tient de l'autre ne doit pas être oublié. Tel est loué
en général sur sa valeur, tel autre sur son service
rendu ; on a parlé des blessures des uns, on a dé-
ploré la mort des autres.

Ce fut une justice que rendit le célèbre M. Despréaux à ceux qui avaient été de l'expédition du
passage du Rhin. Il cite près de vingt noms ; il y
en a ici plus de soixante ; & on en trouverait quatre fois davantage, si la nature de l'Ouvrage le
comportait.

Il serait bien étrange qu'il eût été permis à Homère, à Virgile, au Tasse, de décrire les blessures
de mille guerriers imaginaires, & qu'il ne le fût
pas de parler des Héros véritables, qui viennent de
prodiguer leur sang, & parmi lesquels il y en a plusieurs avec qui l'Auteur avait eu l'honneur de vivre,
& qui lui ont laissé de sincères regrets.

L'attention scrupuleuse qu'on a apportée dans
cette édition, doit servir de garant de tous les faits
qui sont énoncés dans le Poème. Il n'en est aucun

F iv

qui ne doive être cher à la nation, & à toutes les
familles qu'ils regardent. En effet, qui n'est touché
sensiblement en lisant le nom de son fils, de son frere,
d'un parent cher, d'un ami tué ou blessé, ou exposé
dans cette bataille, qui sera célèbre à jamais, en
lisant, dis-je, ce nom dans un Ouvrage, qui tout
faible qu'il est, a été honoré plus d'une fois des
regards du Monarque; & que Sa Majesté n'a permis qu'il lui fût dédié, que parce qu'elle a oublié
son éloge en faveur de celui des Officiers qui ont
combattu & vaincu sous ses ordres?

C'est donc moins en Poëte qu'en bon citoyen
qu'on a travaillé. On n'a point cru devoir orner
ce Poëme de longues fictions, sur-tout dans la pre-
miere chaleur du Public, & dans un temps où
l'Europe n'était occupée que des détails intéressans
de cette victoire importante, achetée par tant de
sang.

La fiction peut orner un sujet ou moins grand, ou
moins intéressant, ou, qui placé plus loin de nous,
laisse l'esprit plus tranquille. Ainsi lorsque Despréaux
s'égaya dans sa description du passage du Rhin, c'é-
tait trois mois après l'action; & cette action, toute
brillante qu'elle fût, n'est à comparer, ni pour l'im-
portance, ni pour le danger, à une bataille gagnée
sur un ennemi habile, intrépide, & supérieur en
nombre, par un Roi exposé, ainsi que son fils, pendant quatre heures au feu de l'artillerie.

Ce n'est qu'après s'être laissé emporter aux premiers mouvemens de zéle, après s'être attaché uniquement à louer ceux qui ont si bien servi la Patrie
dans ce grand jour, qu'on s'est permis d'insérer dans
le Poëme un peu de ces fictions qui affaibliraient
un tel sujet, si on voulait les prodiguer : on ne dit
ici en prose que ce que M. Adisson lui-même a
dit en vers dans son fameux Poëme de la campagne d'Hosthed.

On peut, deux mille ans après la guerre de Troye, faire apporter par Vénus à Enée des armes, que Vulcain a forgées, & qui rendent ce Héros invulnérable : on peut lui faire rendre son épée par une Divinité, pour la plonger dans le sein de son ennemi. Tout le Conseil des Dieux peut s'assembler, tout l'enfer peut se déchaîner, Alecton peut enyvrer tous les esprits des venins de sa rage : mais ni notre siécle, ni un évenement si récent, ni un Ouvrage si court, ne permettent guéres ces peintures, devenues les lieux communs de la Poësie. Il faut pardonner à un citoyen pénétré, de faire parler son cœur plus que son imagination ; & l'Auteur avoue qu'il s'est plus attendri, en disant :

Tu meurs, jeune Craon : que le Ciel moins sévère
Veille sur les destins de ton généreux frere,

que s'il avait évoqué les Euménides, pour faire ôter la vie à un jeune guerrier aimable.

Il faut des Divinités dans un Poëme épique ; & sur-tout quand il s'agit de Héros fabuleux. Mais ici le vrai Jupiter, le vrai Mars, c'est un Roi tranquille dans le plus grand danger, & qui hazarde sa vie pour un peuple dont il est le Pére. C'est lui, c'est son fils, ce sont ceux qui ont vaincu sous lui, & non Junon & Juturne qu'on a voulu & qu'on a dû peindre. D'ailleurs le petit nombre de ceux qui connaissent notre Poësie, sçavent qu'il est bien plus aisé d'intéresser le Ciel, les Enfers & la Terre à une bataille, que de faire reconnaître & de distinguer, par des images propres & sensibles, des Carabiniers qui ont de gros fusils rayés, des Grenadiers, des Dragons qui combattent à pied & à cheval, de parler de retranchemens faits à la hâte, d'ennemis qui s'avancent en colonne, d'exprimer enfin ce qu'on n'a guéres dit encore en vers.

C'était ce que pensait M. Adisson, bon Poëte & critique judicieux. Il employa dans son Poëme, qui a immortalisé la campagne d'Hosthed, beaucoup moins de fictions qu'on ne s'en est permis dans le Poëme de Fontenoy. Il sçavait que le Duc de Malborough & le Prince Eugène se seraient très-peu souciés de voir des Dieux, où il est question de grandes actions des hommes. Il sçavait qu'on relève par l'invention les exploits de l'antiquité, & qu'on court risque d'affaiblir ceux des modernes par de froides allégories : il a fait mieux, il a intéressé l'Europe entière à son action.

Il en est à peu-près de ces petits Poëmes de trois cents ou de quatre cents vers sur les affaires présentes, comme d'une Tragédie : le fond doit être intéressant par lui-même, & les ornemens étrangers sont presque toujours superflus.

On a dû spécifier les différens corps qui ont combattu, leurs armes, leur position, l'endroit où ils ont attaqué, dire que la colonne Anglaise a pénétré, exprimer comment elle a été enfoncée par la Maison du Roi, les Carabiniers, la Gendarmerie, le Régiment de Normandie, les Irlandais, &c. Si on n'était pas entré dans ces détails, dont le fond est si héroïque, & qui sont cependant si difficiles à rendre, rien ne distinguerait la bataille de Fontenoy d'avec celle de Tolbiac. M. Despréaux, dans le passage du Rhin, a dit

Rével les suit de près ; sous ce Chef redouté
Marche des Cuirassiers l'escadron indompté.

On a peint ici les Carabiniers, au lieu de les appeller par leur nom, qui convient encore moins aux vers que celui de Cuirassiers. On a même mieux aimé, dans cette dernière édition, caractériser les fonctions de l'Etat-major, que de mettre en vers les noms des Officiers de ce corps, qui ont été blessés.

Cependant on a osé appeller la Maison du Roi par son nom, sans se servir d'aucune autre image. Ce nom de la Maison Roi, qui contient tant de corps invincibles, imprime une assez grande idée, sans qu'il soit besoin d'autre figure. M. Adisson même ne l'appelle pas autrement. Mais il y a encore une autre raison de l'avoir nommée, c'est la rapidité de l'action.

Vous, peuple de Héros, dont la foule s'avance,
Louis, son Fils, l'Etat, l'Europe est en vos mains,
Maison du Roi, marchez, &c.

Si on avait dit : La Maison du Roi marche, cette expression eût été prosaïque & languissante.

On n'a pas voulu s'écarter un moment dans cet Ouvrage, de la gravité du sujet. Despréaux, il est vrai, en traitant le passage du Rhin dans le goût de quelques-unes de ses Epîtres, a joint le plaisant à l'héroïque ; car après avoir dit :

Un bruit s'épand qu'Enguien & Condé sont passés.
Condé, dont le nom seul fait tomber les murailles,
Force les escadrons, & gagne les batailles.
Enguien, de son hymen le seul & digne fruit, &c.

il s'exprime ensuite ainsi :

Bientôt . . . . Mais Vurts s'oppose à l'ardeur qui m'anime,
Finissons ; il est temps : aussi-bien, si la rime
Allait mal-à-propos m'engager dans Arnheim,
Je n'en sçai pour sortir, de porte qu'Hildesheim.

Les personnes qui ont paru souhaiter qu'on employât dans le récit de la victoire de Fontenoy quelques traits de ce style familier de Boileaux, n'ont pas, ce me semble, assez distingué les lieux & les temps, & n'ont pas fait la différence qu'il faut faire entre une Épître & un Ouvrage d'un ton plus sérieux & plus sévère : ce qui a de la grace dans le genre épistolaire, n'en a point dans le genre héroïque.

Je ne vous en dirai pas davantage, Monsieur, sur ce qui regarde l'art & le goût à la tête d'un Ouvrage, où il s'agit des plus grands intérêts, & qui ne doit remplir l'esprit que de la gloire du Roi & du bonheur de la Patrie.

LETTRE

DE M. DE VOLTAIRE

A M. DEODATI DÉ TOVAZZI,

Au sujet de sa Dissertation sur l'excellence de la Langue Italienne.

JE suis très-sensible, Monsieur, à l'honneur que vous me faites de m'envoyer votre Livre, de l'excellence de la Langue Italienne : c'est envoyer à un Amant l'éloge de sa Maîtresse. Permettez-moi cependant quelques réfléxions en faveur de la Langue Française, que vous paraissez dépriser un peu trop. On prend souvent le parti de sa femme, quand la maîtresse ne la ménage pas assez.

Je crois, Monsieur, qu'il n'y a aucune Langue parfaite : il en est des Langues comme de bien d'autres choses, dans lesquelles les Sçavans ont reçu la loi des ignorans. C'est le peuple qui a formé tous les langages : les ouvriers ont nommé tous leurs instrumens. Les peuples à peine rassemblés ont donné des noms à tous leurs besoins ; & après un très-grand nombre de siécles, les hommes de génie se sont servis, comme ils ont pu, des termes établis au hazard par le peuple.

Il me paraît qu'il n'y a dans le monde que deux Langues véritablement harmonieuse, la Gréque & la Latine. Ce sont en effet les seules, dont les vers ayent une vraie mesure, un rithme certain, un vrai mélange de dactyles & de spondées, une valeur

réelle dans les syllabes. Les ignorans qui formèrent
ces deux Langues, avaient sans doute la tête plus
sonnante, l'oreille plus juste, les sens plus délicats
que les autres nations.

Vous avez, comme vous le dites, Monsieur,
des syllabes longues & brèves dans votre belle
Langue Italienne. Nous en avons aussi ; mais ni
vous, ni nous, ni aucun peuple, n'avons de véritables dactyles & de véritables spondées. Nos vers
sont caractérisés par le nombre, & non par les syllabes *La bella Lingua Toscana è la figlia primoge-
nita del Latino.* Mais jouissez de votre droit d'aî-
nesse, & laissez à vos cadettes partager quelque
chose de la succession.

J'ai toujours regardé les Italiens comme nos Maîtres ; mais avouez que vous avez fait de fort bons
disciples. Presque toutes les Langues de l'Europe
ont des beautés & des défauts qui se composent.
Vous n'avez point ces mélodieuses & nobles terminaisons des mots Espagnols, qu'un heureux concours de voyelles & de consonnes rendent si sono-
res. *Los ombres, las Historias, las costumbres.* Il
vous manque aussi ces diphtongues, qui, dans
notre Langue, font un effet si harmonieux. Les
Rois, les *exploits,* les *Histoires.* Vous nous reprochez nos *e* muets, comme un son triste & sourd,
qui expire dans notre bouche. Mais c'est précisément
dans ces *e* muets, que consiste la grande harmonie
de notre prose & de nos vers. *Empire, couronne,
diadème, flamme, tendresse, victoire.* Toutes ces
désinences heureuses laissent dans l'oreille un son
qui subsiste encore après le mot prononcé, comme
un clavecin qui résonne encore, quand les doigts
ne frapent plus les touches.

Avouez, Monsieur, que la prodigieuse variété
de toutes ces désinences peut avoir quelque avan-

tage, fur les cinq terminaifons de tous les mots de
votre Langue. Encore, de ces cinq, terminaifons
faut-il retrancher la derniére ; car vous n'avez que
fept ou huit mots qui fe terminent en *u* : refte donc
quatre fois , *a, e, i, o* , qui finiffent tous les mots
Italiens.

Penfez-vous de bonne foi, que l'oreille d'un étranger foit bien flattée, quand il lit pour la premiére
fois : *Il Capitano che l' gran fepolcro libero di Crifto,
e che molto oprò col' fenno, e colla mano ?* Croyez-
vous que tous ces *o* foient bien agréables à une
oreille qui n'y eft pas accoutumée ? Comparez à
cette uniformité fi fatiguante pour tout étranger,
comparez à cette féchereffe, ces deux vers fimples
de Corneille.

Le deftin fe déclare : & nous venons d'entendre
Ce qu'il a réfolu du beau-pére & du gendre.

Voyez que chaque mot fe termine différemment.
Prononcez ces vers d'Homére :

Ἐκ δ'αἱ τὰ πρῶτὰ διάςες ἐν ἐρίσαντὲ
Ἀτρεΐδες ἄναξ ἄνδρων, καὶ δῖος Ἀχιλλεύς.

Qu'on prononce ces vers devant une jeune perfonne , foit Anglaife , foit Allemande , qui aura
l'oreille un peu délicate ; elle donnera la préférence
au Grec ; elle fouffrira le Français ; elle fera un
peu choquée de la répétition continuelle des défi-
nences Italiennes. C'eft une expérience que j'ai faite
plufieurs fois.

Vous vantez , Monfieur , l'extrême abondance
de votre Langue ; mais permettez-nous de n'être pas
dans la difette. Il n'eft, à la vérité, aucun idiôme
au monde, qui exprime toutes les nuances des chofes.
Toutes font pauvres à cet égard ; aucune ne peut

exprimer, par exemple, en un feul mot, l'amour fondé
fur l'eftime ou fur la beauté feule, ou fur la con-
venance des caractéres, ou fur le feul befoin d'aimer. Il en eft ainfi de toutes les paffions, de toutes
les qualités de notre ame. Ce que l'on fent le mieux,
eft fouvent ce qui manque de terme.

Mais, Monfieur, ne croyez pas que nous foyons
réduits à l'extrême indigence que vous nous reprochez en tout. Vous faites un catalogue à deux colonnes de votre fuperflu & de notre pauvreté. Vous
mettez d'un côté, *orgoglio*, *alterigia*, *fuperbia* ;
& de l'autre *orgueil* tout feul. Cependant, Monfieur,
nous avons *orgueil*, *fuperbe*, *hauteur*, *fierté*, *élévation*, *dédain*, *arrogance*, *infolence*, *gloire*,
(dans le fens de reproche) *gloriole*, *préfomption*,
outre-cuidance (mot très-énergique & très-aban-
donné.) Tous ces mots expriment des nuances
différentes, de même que chez vous, *orgoglio*,
alterigia, *fuperbia*, ne font pas toujours fynonymes.

Vous nous reprochez dans votre alphabet de nos
miféres, de n'avoir qu'un mot pour fignifier vaillant. Je fçais, Monfieur, que votre nation eft très-
vaillante : l'Allemagne & la France ont eu le bonheur d'avoir à leur fervice de très-braves & de
très-grands Officiers Italiens :

L'Italico valor non è ancor morto.

Mais fi vous avez *valente*, *prode*, *animofo*, nous
avons *vaillant*, *valeureux*, *preux*, *courageux*, *intrépide*, *animé*, *audacieux*, *brave*, &c. Ce courage, cette bravoure, ont plufieurs caractéres différens, qui ont chacun leurs termes propres. Nous
dirons bien que nos Généraux font vaillans, courageux, braves, &c. Mais nous diftinguons le courage vif & audacieux du Général qui emporta l'épée
à la main tous les ouvrages du Port-Mahon taillés
dans

dans le roc vif ; la fermeté constante , réfléchie , adroite , avec laquelle un de nos Chef sauva une garnison entiére d'une ruine certaine , & fit une marche de trente lieues à la vûe d'une armée ennemie de cinquante mille combattans.

Nous exprimerons encore différemment l'intrépidité tranquille, que les connaisseurs admirent dans le petit neveu du Héros de la Valteline, lorsqu'ayant vû son armée en déroute par la terreur panique de nos alliés, qui causa la nôtre, ayant apperçu le Régiment de Diesbach & un autre qui faisaient ferme contre une armée victorieuse , quoiqu'ils fussent entamés par la cavalerie, & foudroyés par le canon , marcha seul à ces Régimens , loua leur valeur , leur courage , leur fermeté , leur intrépidité , leur vaillance , leur patience , leur audace , leur animosité , leur bravoure ; &c. Voyez , Monsieur , que de termes pour un. Ensuite il eut le courage de ramener ces deux Régimens à petits pas, & de les sauver du péril où leur valeur les jettait ; les conduisit en bravant les ennemis victorieux , & eut encore le courage de soutenir les reproches d'une multitude mal instruite.

Vous verrez encore , Monsieur , que le courage , la valeur , la fermeté de celui qui a gardé Cassel & Gottingen , malgré les efforts de soixante mille ennemis très-valeureux , est un courage composé d'activité , de prévoyance , & d'audace. C'est aussi ce qu'on a reconnu dans celui qui a sauvé Vezel. Croyez , Monsieur , que nous avons dans notre Langue l'esprit de faire sentir ce que les défenseurs de notre patrie ont le mérite de faire.

Vous nous insultez , Monsieur , sur le mot de ragoût. Vous vous imaginez que nous n'avons que ce terme pour exprimer nos entrées de table. Plût à Dieu que vous eussiez raison ! je m'en porterais

mieux ; mais malheureusement nous avons un Dictionnaire entier de Cuisine.

Vous vous vantez de deux expressions pour signifier *gourmand* ; mais daignez plaindre, Monsieur,
nos *gourmands*, nos *goulus*, nos *friands*, nos *man-
geurs*, nos *gloutons*.

Vous ne connaissez que le mot de *sçavant* ;
ajoutez-y, s'il vous plaît, *docte*, *érudit*, *instruit*,
éclairé, vous trouverez parmi nous le nom & la
chose. Croyez qu'il en est ainsi de tous les reproches que vous nous faites. Nous n'avons point, dites-
vous, de diminutifs ; nous en avions autant que vous
du temps de Marot & de Rabelais ; mais cette
puérilité nous a paru indigne de la majesté d'une
Langue ennoblie par les Paschal, les Bossuet, les
Fenélon, les Pelisson, les Corneille, les Despréaux,
les Racine, les Massillon. Nous avons laissé à Ronsard, à Marot, à Dubartas, ces diminutifs badins
en *otte* & en *ette* ; & nous n'avons guéres conservé
que *fleurette*, *amourette*, *fillette*, *grandelette*, encore ne les employons-nous que dans le style familier. N'imitez pas le Buon-Mattei, qui, dans sa
harangue à l'Académie de la Crusca, (que je res-
pecte, & dont j'ai l'honneur d'être,) fait tant valoir l'avantage d'exprimer *corbello* & *corbellino*,
en oubliant que nous avons des corbeilles & des
corbillons.

Vous possedez, Monsieur, des avantages bien
plus réels ; celui des inversions, celui de faire plus
facilement cent bons vers en Italien que nous n'en
pouvons faire dix en Français. La raison de cette
facilité, c'est que vous vous permettez ces hiatus,
ces bâillemens de syllabes, que nous proscrivons ;
c'est que tous vos mots finissent en *a*, *e*, *i*, *o* ; que
vous avez au moins vingt fois plus de rimes que
nous, & que par dessus cela vous pouvez encore
vous passer de rimes.

Mais, croyez-moi, Monsieur, ne reprochez à notre Langue, ni la rudesse, ni le défaut de la prosodie, ni l'obscurité, ni la sécheresse. Vos traductions prouveraient le contraire. Lisez d'ailleurs tout ce que M. l'Abbé d'Olivet a composé sur la manière de bien parler notre Langue ; lisez M. Duclos. Voyez avec combien de force, de clarté, d'énergie, s'expriment M. d'Alembert & M. Diderot ; quelles expressions pittoresques emploient souvent M. de Buffon & M. Helvétius, dans des Ouvrages qui n'en paraissaient pas susceptibles.

Je finis cette Lettre trop longue, par une réflexion. Si le peuple a formé les Langues, les grands hommes les perfectionnent par de bons Livres ; & la première de toutes les Langues, est celle qui a le plus d'excellens Ouvrages.

J'ai l'honneur d'être, Monsieur, avec beaucoup d'estime pour vous & pour la Langue Italienne, &c.

VOLTAIRE.

Au Château de Ferney en Bourgogne, ce 24. Janvier 1761.

******

RÉPONSE

DE M. DÉODATI DE TOVAZZI.

C'Est ici, Monsieur, un remerciment plutôt qu'une replique à la Lettre dont vous m'avez honoré. Vous y faites une critique ingénieuse, modérée & polie, de quelques-unes de mes réflexions sur les Langues Italienne & Française. Il est si flatteur de fixer un moment votre attention, au milieu de la gloire qui vous environne, & des travaux qui vous occupent, que mon amour propre eût encore trouvé son compte à la réfutation la plus complette. J'aurais pris plaisir à régler mes jugemens sur les vôtres, à m'éclaircir de vos lumiéres, & à déposer les préjugés nationaux que vous auriez bien voulu me faire appercevoir. Il en est un cependant auquel je tiens plus qu'à tous les autres, & dont je ne me déferai jamais : c'est l'admiration que mes compatriotes ont pour vos Ouvrages, dont ils font leurs délices. Ce sentiment qui leur inspire le goût & l'équité, ils vous le rendent en échange des éloges que vous leur avez donnés dans tant d'occasions, & de la justice que vous avez rendue le premier à notre Tasse insulté au hazard par le Législateur de votre Parnasse. J'en ai vu plusieurs n'apprendre votre Langue que pour lire vos Écrits : ils n'étaient soutenus dans cette étude épineuse & rebutante, que par l'espérance d'entendre le premier Poëme épique, dont la France ait osé se glorifier. Je vous l'avouerai, Monsieur, jamais la Langue Française ne fut la maîtresse d'un Italien : elle n'a pas cette douceur, ces graces qui charment, cette langueur qui touche, cette expression de tendresse qui remue; son air est decent, mais triste & sévere; sa démarche naturelle, mais lente & uniforme; sa beauté réguliére, mais froide & muette. Par vous, Monsieur, si vous fûtes jamais l'amant de notre Langue, le temps de l'enthousiasme est passé; & vous n'êtes plus qu'un infidéle. Vous vantiez autrefois ses charmes, vous exagerez aujourd'hui ses défauts. Vous vengez votre femme, dites-vous, & vous êtes Français ! Y pensez-vous, Monsieur ? Un homme à la mode a-t-il sacrifié sa maîtresse à son épouse ? L'air du séjour où vous vivez, seroit-il contagieux ? L'habitant des Délices & de Ferney auroit-il les mœurs républicaines ou provinciales ? Vous êtes cependant pardonnable d'aimer une femme que vous avez pris la peine d'embellir, de parer, & d'enrichir : il est naturel de s'attacher par ses bienfaits.

Pour quitter l'allégorie, je vous dirai simplement, Monsieur, que j'ai toujours été de votre sentiment sur les Langues anciennes, & que je n'en ai pas changé par rapport à l'Italienne & à la Française. Ne parlons point des premieres ; elles nous font trop sentir la faiblesse des nôtres. Un concours heureux de circonstances fit du langage des Grecs le chef-d'œuvre des Langues. J'admire la richesse, la majesté, l'harmonie, la Poésie de la Latine ; mais j'y trouve quelque chose de dur, de sourd & de traînant ; & par la douceur elle est bien inférieure au Grec : je la crois même au dessous de l'Italien, quoique par le mélange heureux des bréves & des longues, le méchanisme de ses vers l'emporte infiniment sur celui de notre versification. Cette variété charme l'oreille, & ranime son attention ;

G iij

tandis que ce nombre toujours égal de syllabes, qui revient à chacun de nos vers, la fatigue, l'ennuie & l'endort. Mais, Monsieur, quoique la mesure & le rithme ne forment point l'essence de la versification Italienne, il faut avouer que la quantité de syllabes plus marquée, plus ressentie dans notre Langue, lui donne une action & un mouvement qu'on ne trouve pas dans la versification Française : nous avons des vers sdruccioli qui finissent toujours par un dactyle. (*)

La Langue Espagnole est sonore & nombreuse ; mais pourquoi préférerais-je la terminaison de ces mots à celle des mots Italiens ? Je vois dans les syllabes de plusieurs de nos mots, *tromba*, *ombra*, *rimbonbar*, *rumor*, *&c.* ce concours de voyelles & de consonnes, dont vous faites un mérite exclusif à l'idiome Espagnol ; & je ne sens dans *hombres*, *historias*, *custombres*, qu'un sifflement de plus, qui n'est pas dans nos mots. Je conviens que nous n'avons pas la diphtongue *oi*, & nous ne la regrettons guères. Les Latins ne l'avaient pas non plus ; & nous disons sans effort, comme eux, *istoria*, au lieu de faire un grand bâillement pour prononcer *histoire*. Quant aux *e* muets, on vous les reprochera, si je ne me trompe, & dans la Poësie, & dans la Musique, & dans l'Eloquence, tant que durera votre Langue. Si c'est en cela, Monsieur, comme vous me faites l'honneur de me le dire, que consiste l'harmonie de la prose & des vers Français, je ne suis plus surpris de l'avoir trouvé si faible & si languissante. Ces désinences sourdes, loin de faire résonner dans mon oreille la syllabe précédente, en ralentissent le mouvement, & ôtent la vie à tout le mot. Quelle différence pour la rapidité & la vivacité entre ces

_____

(*) Voyez les Comédies de l'Ariofte.

mots Italiens, par exemple, *perfido*, *traditor*, & ces mots Français, *traître*, *perfide* ! Je ne parle pas des autres inconvéniens de cette lettre sourde, qui confond les genres & les personnes, & rend les prénoms nécessaires. L'Italien dit, *amò*, *ami*, *ama*, la seule différence des terminaisons marque celle des personnes ; mais le verbe Français avec son *e* muet est obligé de traîner son prénom, pour en faire son interprète. D'ailleurs que trouvez-vous dans *fiamma*, *imperio*, *corona*, &c. qui le céde à *flamme*, *empire*, *couronne*, même pour les syllabes qui précédent la finale ? Au lieu de voir une variété dans toutes ces désinences, je n'y sens qu'une monotonie insupportable. C'est sans doute la faute de mon oreille, toute accoutumée qu'elle est à une Langue que j'ai cultivée par préférence à toutes les autres, & que j'ai parlée toute ma vie. C'est peut-être aussi par le même défaut d'organe, que je ne suis point choqué, comme les jeunes personnes Anglaises & Allemandes, de voyelles qui terminent tous nos mots Italiens. Il est vrai que j'aimerais mieux être condamné à ne jamais lire les vers du Tasse, qu'à les entendre réciter par certains étrangers. Grace, douceur, quantité, chant, mélodie, cadence, repos, accent, tout périt, tout expire dans leur bouche ; & je ne serois pas surpris alors qu'on ne goûtât pas trop le *multo oprò egli col senno e colla mano*. Mais qu'on prononce bien, qu'on fasse sentir les différentes inflexions de la même lettre, qu'on fasse les élisions nécessaires, qu'on emboîte les mots les uns dans les autres, qu'on en retranche de temps en temps les voyelles finales, & cette monotonie disparaîtra, comme l'a fort bien remarqué dernièrement un de vos Journalistes (*). Ce qu'il y a de

(*) Voyez l'Observateur Littéraire 1761, Tome I. p. 380.

plus dans les deux vers de Corneille que vous citez,
c'est quelques sons nazals, qui ne se trouvent jamais
dans l'Italien : je ne parle point de ce qu'il y a de
moins. Quant aux vers Grecs, quoique nous igno-
rions la véritable prononciation de cette Langue ;
que nous ne connoissions pas la valeur des accens ;
que nous les confondions souvent avec la prosodie,
j'y suppose plus de douceur & d'harmonie que dans
l'Italien ; mais j'y vois beaucoup de voyelles, beaucoup de finales semblables à nos terminaisons. Enfin, il en est de notre Langue comme de notre
Musique. Pour goûter celle-ci, il faut que l'exécution en soit parfaite : pour sentir la douceur &
la mélodie de celle-là, il faut qu'elle soit bien pro-
noncée ; *Lingua Toscana, on Bocca Romana.*
Après les o que vous m'avez objectés, il y a peut-
être de la mal-adresse à vous citer un proverbe où
il entre tant d'*a* ; mais je conviendrai tant qu'on
voudra de l'uniformité dans l'écriture ; c'est la monotonie de la prononciation, que je ne puis accorder. Au reste, j'ai entendu dire à des Anglais très-
désintéressés, que la conversation des Dames Romaines était pour eux une mélodie fort agréable.

Vous ne vous inscrivez pas en faux contre l'abondance de la Langue Italienne ; mais il semble que
je vous aye condamné à une disette affreuse : & vous
relevez dans ma Dissertation ce que vous appellez le
catalogue de votre pauvreté, & de notre superflu.
Je vous ai reproché, ajoutez-vous, de n'avoir qu'un
mot pour exprimer *vaillant.* Puisque ce prétendu
catalogue vous tient si fort à cœur, je suis charmé de
l'avoir abrégé ; car vous sçavez mieux que personne
jusqu'à quel point j'eusse pu pousser le parallèle :
mais sans rien dire de l'indigence de la Langue
Française, je me suis borné à indiquer les richesses
de la mienne ; & j'ai pris au hazard quelques ex-

preſſions, à côté deſquelles j'ai mis le mot Français, pour ſervir de traduction. J'étais bien éloigné
de croire que ce mot fût l'unique, comme je n'ai
pas prétendu non plus rapporter tous les ſynonymes
des mots Italiens que j'ai cités. Vous avez tiré
adroitement de la colonne Françaiſe quelques termes
que vous faites marcher dans vôtre Lettre, accom-
pagnés d'un nombreux cortége de ſynonymes : je
ne les arrêterai point au paſſage, & je vous aban-
donnerai même *outre-cuidance* & *gloriole* ; mais
avouez, Monſieur, qu'il y en a beaucoup d'autres
que vous avez été obligé de laiſſer dans leur ſolitude. Au reſte, il ſerait bien étonnant que les Français
n'euſſent qu'un mot pour exprimer le courage, eux
dans qui cette qualité brillante ſe modifie de tant
de façons, & change ſi ſouvent de nuances. J'ap-
plaudis aux exemples que vous m'en donnez ; &
je ſçais que les Français ſont depuis long-temps fá-
voris de l'Amour, de Minerve & de Mars. Je ſçais
qu'ils ſont plus inſtruits que la plûpart des autres
peuples ; que l'Académie des Belles-Lettres eſt remplie de gens érudits, celle des Sciences d'hommes
ſçavans, l'Académie Françaiſe d'Ecrivains polis,
éclairés ; & qu'il y a en France une foule d'hommes doctes, ſçavans, érudits, inſtruits, éclairés, qui
ne ſont d'aucune Académie, & qui mériteraient
d'entrer dans toutes celles de l'Europe. Auſſi, Monſieur, je ne vous diſpute ni le nom, ni la choſe ;
& ſi je trouve quelques défauts dans la Langue, je
ne puis qu'eſtimer & reſpecter ceux qui la parlent.

Je demande pardon aux Cuiſiniers Français de
l'inſulte que je leur ai faite ſur le mot, *ragoût* : ils
ne peuvent mieux s'en venger, qu'en nous laiſſant
nos ragoûts Italiens. Je reconnois que ſi vous n'a-
vez qu'un mot pour exprimer le genre, vous en
avez mille pour les eſpéces ; & quand même le mot

vous manquerait, vous n'en feriez que trop dédom-
magé par la chose même.

Vous parlez des diminutifs comme d'une puérilité : c'est pour le coup un reproche, que vous
faites à la Langue Italienne, reproche qu'elle partage volontiers, & dont elle se console avec la
Gréque. Cette même puérilité ne parut pas indigne
autrefois de la majesté d'une Langue ennoblie par
les Lucréce, les Virgile, les Gallus, les Salure,
les Tite-Live, les Céfar ; & si Virgile s'exprime
avec dignité, lorsqu'il veut représenter les beaux
yeux de Vénus noyés de larmes :

> Triftior, & lacrymis oculos suffufa nitentes.

Catulle, pour peindre la douleur enfantine de fa
Lesbie, ne se sert-il pas avec autant de goût que
de délicateffe de plusieurs diminutifs ?

> Flendo turgiduli rubent ocelli.

Une Langue doit-elle être toujours pompeuse,
toujours sublime ? Ne faut-il pas qu'elle descende
quelquefois du haut de sa grandeur, & qu'elle se
familiarise avec les petits objets ? Il y a tant de
genres, tant de styles, tant de sujets. Si elle n'a
qu'un ton, comment pourra-t-elle s'élever &
s'abbaiffer, passer du grave au badin, du pathétique au plaifant, du sublime au naïf, du terrible
au gracieux ? Sans cela c'est un instrument qui n'a
qu'une corde. Vous avez donc anéanti les diminutifs de Marot & de Ronsard, pour ne pas
dégrader la majesté de votre Langue ? Je crois
plutôt que vous n'avez pu les accorder avec vos
finales muettes. Ces mots n'exprimant que de petites idées & de petits objets, vos Compatriotes
pouvaient sans doute mieux s'en passer que les autres nations. Mais, Monfieur, vous qui avez écrit

tant de chofes dignes d'être lues, dites-moi, je vous prie, pourquoi les Français, qui en ont fait de fi dignes d'être écrites, n'ont ni fuperlatif, ni augmentatif dans leur Langue ? !

Je penfe comme vous, Monfieur, que la pre-miére de toutes les Langues eſt celle qui a le plus d'excellens Ouvrages ; & je me confirme dans ce fentiment, quand je me rappelle cette foule de bons Ecrivains en tout genre que l'Italie a produits. Vous connaiffez Bocace, Bembo, Machiavel, Davila, Guicciardini, la Cafa, Bentivoglio, Segneri, Var-chi, Fontanini, Crefcimbeni, Speron Speroni, Gravina, Conti, Apoftolo Zeno, Orſi, Caftelve-tro, &c. fans parler de nos Poëtes, dont le cata-logue ne finirait point.

Au refte, Monfieur, je n'ai point fait un Livre ; j'ai hazardé feulement quelques réflexions fur ma Langue, & je l'ai quelquefois comparée à la vôtre, qui eſt auffi répandue & eftimée que vos Ouvra-ges. J'ai trouvé la mienne plus abondante, plus fonore & plus fléxible : je n'en connais pas moins tous les avantages de celle que j'ai adoptée, que j'ai le bonheur de parler, & dont la politéffe, la dé-cence, l'ordre, la méthode, la clarté, la précifion, l'élégance & la nobleffe font les caractéres princi-paux.

Je finis, Monfieur, en vous remerciant, au nom de mes Compatriotes, des chofes obligeantes que vous leur dites, & en vous affurant que j'ai pré-venu depuis long-temps le confeil que vous me donnez à l'égard de vos Ecrivains : mais il eſt des chef-d'œuvres dont vous ne me parlez pas ; & ce font ceux que j'ai lus les premiers, que je relis le plus fouvent, qui m'inſtruifent, & que j'admire le plus.

Je fuis, avec refpect, &c. DEODATI DE TOVAZZI.

A Paris, ce 20 *Février* 1761.

[REPONSE
DE M. DE VOLTAIRE
A LA SECONDE LETTRE
DE M. DEODATI DÉ TOVAZZI.

ETALEZ moins votre abondance,
Votre origine & vos honneurs :
Il ne sied pas aux grands Seigneurs
De se vanter de leur naissance.

L'Italie instruisit la France ;
Mais par un reproche indiscret
Nous serions fâchés à regret,
De manquer de reconnaissance.

Dès long-tems sortis de l'enfance,
Nous avons quitté les genoux
D'une nourrice en décadence,
Dont le lait n'est plus fait pour nous.

Nous pourrions devenir jaloux,
Quand vous parlez notre langage :
Puisqu'il est embelli par vous,
Cessez donc de lui faire outrage.

L'égalité contente un Sage,
Terminons ainsi le procès :
Quand on est égal aux Français,
Ce n'est pas un mauvais partage.

LETTRE

DE M. LE BRUN

A M. DE VOLTAIRE.

JE faisis avec tranfport, Monfieur, l'occafion de vous écrire, & de joindre deux noms qui me font chers, le vôtre, & celui de Corneille (*), en vous engageant à rendre quelque fervice à la famille de ce grand homme. Puiffe-je vous rappeller en même temps le fouvenir d'une amitié dont vous accueillî-tes prefque mon enfance.....Je me dis fouvent avec douleur, avec tranfport: *Virgilium vidi tan-tum*. Pourquoi, Monfieur, me futes-vous enlevé alors? Dans quelle nuit profonde, dans quel vafte défert avez-vous laiffé notre Littérature! Car vous

_____

(*) Le neveu de Corneille, pour qui l'on s'intéreffe dans cet Ouvrage, eft l'unique & dernier héritier de ce grand nom. Il mérite de le porter, parce qu'il en connaît tout le prix. Il a réparé, par la nobleffe de fes fentimens, l'éduca-tion qu'il n'a pu recevoir. On fçait qu'au temps de la fucceffion de M. de Fontenelle, il lui fut offert une fomme d'argent pour fe défifter de fes droits, & même de fon nom. M. Corneille, quoique pauvre & fans reffource, la refufa fans balancer: refus fublime dans les crifes de la mi-fère. Il répondit encore, quand on le menaça de perdre fon procès, qu'au moins il gagneroit le nom de Corneille. L'éclat qui fuit une indigence foutenue avec tant de digni-té, & l'intérêt que M. de Voltaire & tous les vrais citoyens prennent au defcendant d'un grand homme, vont faire bien rongir ceux qui ne refpectant pas l'infortuné d'un Cor-neille en ont triomphé honteufement, & ne lui préfentaient qu'un vifage d'airain.

m'avouerez que c'eſt une grande ſolitude que la
foule des ſots. Que de chénilles profanent le ſacré
Vallon? Que de buſes y font la guerre aux cygnes
harmonieux! Que de ſerpens y viennent ſiffler, pour
en défendre l'abord au génie !....

Le dédain que j'ai pour cette populace d'Auteurs
mauvais ou médiocres ; mon goût inflexible pour
les ſeuls grands modéles ; ma vénération pour tout
ce qui porte l'empreinte du génie, me rapprochent
naturellement de vous, Monſieur ; & ſans l'intervalle
qui me ſépare, & ſans les liens qui m'attachent à
la perſonne d'un grand Prince, c'eſt auprès de vous
que j'irais puiſer cette critique généreuſe ; que l'a-
mour des arts éclairé, que n'empoiſonne jamais
l'envie, telle enfin que Racine l'exigeait de Boileau.
J'irais puiſer à leur ſource ces ſentimens de bienfaiſance qui m'engagent eux-mêmes à les réclamer
pour la famille de Corneille.

C'eſt au génie ſans doute à protéger une race
illuſtrée par le génie. A ce titre je ne vois que
M. de Voltaire en Europe, de qui un homme du
nom de Corneille puiſſe, ſans s'avilir, attendre les
bienfaits. Ces éloges que vous avez tant de fois pro-
digués à ſa mémoire, & que la Patrie entière lui
doit, me répondent de ce que vous ferez pour un
de ſes neveux. L'idée que m'inſpire ce nom divin,
eſt ſi haute, que ſelon moi il n'y a point même de
Rois qui ne s'honoraſſent beaucoup de prodiguer
des ſecours en ſa faveur. Vous ſeul, Monſieur, agi-
rez en égal avec ce grand homme.

Eh ! quel autre que vous a toujours fait éclater
en faveur du génie une yvreſſe plus noble, une admiration plus éclairée ? La gloire eſt votre élément.
Qu'il eſt flatteur pour vous de joindre à cette ſu-
blimité de l'eſprit la tendre bienfaiſance d'un cœur
qui s'épanche dans tous vos Ouvrages, & qui vous
a rendu le peintre de l'humanité !

Voilà, Monsieur, s'il était possible d'être au deſſus de Corneille même & de Racine, voilà ce qui donnerait le premier rang à vos Ouvrages ; parce qu'ils inſpirent aux hommes un ſentiment plus utile à la ſociété, que ceux d'une ſtérile admiration. Voilà ce qui m'a fait naître le deſir de rendre à Corneille un hommage qui retombe ſur vous-même.

Le Public va juger, en voyant cette Ode imprimée, que vous ſeul étiez digne en effet de ſecourir le deſcendant d'un grand homme, dont vous êtes devenu le rival. Combien votre cœur doit s'applaudir de la certitude qu'on a de vos bienfaits, & d'en avoir fait ſentir le charme à tous ceux qui vous ont lû ! Votre ſtyle devient ſi affectueux, ſi enchanteur, quand cet objet l'anime, qu'il eſt aiſé de voir combien votre ame reſpire les ſentimens que vous tracez.

Laiſſez, laiſſez à vos ennemis l'horrible ſatisfaction de calomnier votre cœur, & de croire que votre plume écrivait ſans ſon aveu. Ceux qui vraiment éclairés ſçavent que jamais l'eſprit n'enfante rien de ſublime, s'il n'eſt inſpiré par le cœur, vous rendent, comme moi, la juſtice la plus entière & la plus méritée. Les droits d'un Corneille à vos bienfaits ſont inconteſtables ; les voici : ſes malheurs, ſon nom, & le vôtre.

Je ſuis, &c.

ODE

A M. DE VOLTAIRE.

Fama manet facti....

AH! ce n'est point des Rois l'orgueilleux apanage,
Ni l'or, ni la victoire amante du carnage,
Que les fils d'Apollon s'empressent d'obtenir :
L'héritage sacré des Nymphes de mémoire;
C'est un nom que la gloire
Sur des ailes de feu porte au sombre avenir.

Ce nom qui, s'échapant des murs de Thèbes en cendre,
A l'ombre de Pindare asservit Alexandre;
Et dompta les fureurs de ce jeune lion;
Ce nom qui fit couler des larmes généreuses (*)
Et de gloire amoureuses,
Qui n'enviaient qu'Homère au vainqueur d'Ilion.

Ah! bravant l'œil jaloux de la Parque trompée;
Si de leur sang divin quelque goutte échapée
Animait un mortel, & vivait parmi nous;
S'il rappellait encor leurs augustes images,
Il verrait nos hommages,
Nos respects, nos trésors en foule à ses genoux.

S'IL était un mortel qui du nom de Voltaire
Portât chez nos neveux l'honneur héréditaire;

_____

(*) On sçait qu'Alexandre pleura sur le tombeau d'Achille, de
n'avoir pas, comme ce Héros, un Homère pour le chanter.

Ce

Ce nom ferait alors fon immortel appui ;
Et Mérope & Brutus, Sémiramis, Alzire,
    Et la tendre Zaïre,
Eléveraient leurs voix, & parleraient pour lui.

    Eh ! cependant aux yeux de fa patrie entiére
Du grand nom de Corneille une jeune héritiére (*)
Voit couler dans l'oubli fes deftins & fes pleurs ;
Et d'un aftre d'airain l'inflexible vengeance
    Lui verfant l'indigence,
Trempe fes jours amers dans l'urne des malheurs.

    Sous le réduit facré du folitaire afyle ,
Où languit fa mifére , où fon deftin l'éxile ,
La fierté d'un grand nom rend fes maux plus preffans ;
Et de triftes cyprès cette rofe ombragée ,
    Par les vents outragée ,
Implore en vain des cieux les rayons careffans.

    C'est là que chaque jour fa douleur femble éclore ,
Et mêle en s'éveillant aux larmes de l'Aurore
Ces nuages de pleurs dont fes yeux font couverts :
C'eft là qu'au fein des nuits , fous leurs ombres muettes ,
    Ses larmes inquiettes
Dans l'obfcur avenir vont chercher des revers.

    Une nuit , qu'elle céde à fa douleur profonde ,
Levant au ciel des yeux que l'amertume inonde ,
Elle exhale en ces mots fa plainte & fes regrets :
Mânes d'un demi-Dieu que le Parnaffe adore ,
    Chere ombre que j'implore ,
Sufpens de mes ennuis les funeftes progrès.

    Helas ! fi jufqu'à toi mes pleurs ont pu defcendre ,
Corneille ; fi mes cris ont éveillé ta cendre ,

(*) Mademoifelle Corneille , âgée de feize ans , eft depuis quelques mois à l'Abbaye S. Antoine , où elle fait voir des fentimens au deffus de fa fortune ; & dignes de fon nom.

H

Venge l'éclat d'un nom par toi-même ennobli,
Que dis-tu, quand tu vois le rejetton fidelle
    D'une tige immortelle
Languir dans les horreurs d'un indigent oubli ?

    FIER du nom que je porte, & du sang qui l'anime,
Mon cœur s'était flatté de l'espoir magnanime
Que ton génie encor veillait sur tes neveux,
Combien doivent frémir & ton ombre & tes mânes,
    Quand des revers profanes,
Au mépris de ta gloire, osent tromper mes vœux ?

    AINSI de tes lauriers les promesses sont vaines,
Et ton sang généreux coulera dans mes veines,
Pour se voir insulté des destins ennemis :
Les secours dédaigneux, l'indigence tremblante,
    Et la honte accablante,
Voilà donc les honneurs à ta race promis !

    QUOI ! des fils de Plutus la barbare industrie
Boit dans des coupes d'or les pleurs de la Patrie !
Quoi ! leur faste insolent fatigue nos lambris ;
Et de nos demi-Dieux la race dédaignée,
    Dans ses larmes baignée,
Traîne d'un nom fameux les stériles débris ! ¶

    IRAIS-je, irais-je, hélas ! promenant mes alarmes,
Et déployant en vain un spectacle de larmes,
Tenter des yeux ingrats & de luxe enyvrés ?
Et peut-être ces murs que ma douleur embrasse,
    Lassés de ma disgrace,
Me fermeront un jour leurs asyles sacrés,

¶ L'État devrait se faire un honneur, & même un devoir, de secourir les familles des grands hommes qui l'ont illustré : il n'aurait pas à craindre que le nombre lui en devînt trop à charge. Un grand Prince, M. le Duc d'Orléans, sur le nom seul de la Fontaine, s'informa s'il n'existait pas encore quelques-uns de ses descendans, & surprit de ses bienfaits les nièces de ce grand homme. De pareils traits sont bien rares.

Ô NUIT, couvre à jamais de ʃes pâles ténébres,
Et mes yeux ; & mes pleurs & mes deʃtins funébres.
O mort, dénoue enfin ces tiʃʃus de douleurs ;
N'attens pas que la honte ait ʃouillé la victime,
 Et referme l'abyʃme
Du ʃiniʃtre avenir où s'égarent mes pleurs.

 LES pleurs coupent ʃa voix... Ô ʃurpriʃe ! ô merveille !
Dans ʃa retraite obʃcure un doux éclat l'éveille,
Son lit paraît flotter dans l'azur radieux ;
Ses regards éperdus nagent dans la lumiére,
 Une ombre auguʃte & fiére
Dévoile avec ʃplendeur tout Corneille à ʃes yeux.

 QUOI ! ma fille ; tes pleurs ʃoupçonnent ma tendreʃʃe !
Ah ! ʃans doute, les vœux que ta plainte m'adreʃʃe,
Ont traverʃé l'Erébe & ʃes profondes nuits :
Dans les champs du bonheur, à ta voix déʃolée,
 Mon ombre s'eʃt troublée,
Et mes lauriers émus ont pleuré tes ennuis.

 TA ʃublime douleur m'intéreʃʃe & me flate ;
Aux mains avec le ʃort ton âme entiére éclate ;
Je reconnais mon ʃang & ta mâle fierté.
Telle ʃous les revers l'ame de Cornélie,
 Loin d'en être avilie,
Fait pâlir d'un coup d'œil le ʃort déconcerté.

 JEUNE & timide eʃpoir d'une illuʃtre famille,
Mes yeux veillent ʃur toi ; n'en doute point, ma fille ;
De tes nobles deʃtins reʃpire la grandeur :
Permets un calme heureux à ton ame alarmée ;
 Et vois ma renommée
Qui déja ʃur tes pas fait briller ʃa ʃplendeur.

 LA ʃuprême vertu n'eʃt jamais chancelante ;
Le glaive des tyrans, la foudre étincelante

Pourrait l'anéantir, & non pas la troubler :
Rassure-toi, je laisse à ta vertu rigide
    Ma gloire pour égide :
Couverte de mon nom, qui pourrait t'accabler ?

    Si le nom de Corneille est ton seul héritage,
Ma fille, ce n'est pas un stérile partage :
Si les Dieux le pesaient dans leurs balances d'or,
Dussent-ils opposer l'Empire & la victoire,
    Ce nom chargé de gloire
Entraînera les Dieux & l'avenir encor.

    L'HONNEUR fut ma richesse; & l'urne d'Hippocrène
Roule loin du Potose une indigente arène.
Jamais l'or ne germa sous nos lauriers touffus.
Ah ! dérobe ta gloire aux offres dédaigneuses,
    Aux faveurs soupçonneuses
De cet or plus honteux même que les refus.

    GARDE-toi d'abaisser ta sublime infortune
Jusqu'à ces vils mortels, dont la foule importune
Viendrait sur tes débris élever leurs destins,
Reptiles insolens dont la profane audace
    Serpente & s'entrelace
Dans les débris épars de nos Temples divins.

    SOUFFRIR que de mon sang leur race soit amie,
Ah ! c'est associer la gloire à l'infamie,
C'est attacher la mort à l'immortalité :
Et ce n'est pas sans doute à d'obscurs téméraires,
    Avortons Littéraires,
D'envier cet honneur à la Divinité.

    A D'INJUSTES revers oppose ton courage,
Sur les destins confus rejette leur outrage,

Fai rougir à la fois ta Patrie & les Dieux.
Tyran des faibles cœurs, la Fortune est esclave,
    De quiconque la brave ;
Et sa défaite élève un mortel dans les cieux.

CROI-moi, cette Déesse est insolente ou vile,
Et se plaît à fouler une tête servile,
Lorsque devant son char nous-mêmes la courbons.
Si ton nom fut le mien, & si mon sang t'anime,
    Lève un front magnanime ;
Ma gloire peut marcher rivale des Bourbons.

SERAIT-il un Héros, digne en effet de l'être,
Qui m'enviât ce nom plus qu'un Trône peut-être ?
O ma fille, ta dot est l'immortalité ;
Et je laisse à ton sort, que mon destin protége,
    Mes lauriers pour cortége :
Leur ombre sert d'asyle à ma postérité.

CONNAIS-tu tes ayeux ? C'est cette foule illustre
De Héros, qui me doit & sa vie & son lustre :
Je ranimai leur cendre au feu de mes crayons.
Le Cid, Héraclius, Cinna, Pompée, Horace,
    Demi-Dieux de ma race,
T'ouvrent déja leurs bras, te prêtent leurs rayons.

DANS la France, déja la voix de Rodogune ¶
A conté tes malheurs, a vengé ta fortune :
Jour tissu de lauriers dont mon cœur est jaloux,
Tes yeux, tes yeux ont vu quels hommages sans nombre
    Accueillirent mon ombre,
Quand elle vint jouir d'un triomphe si doux.

¶ Les Comédiens eurent la générosité de donner une représentation de Rodogune en faveur des héritiers du nom de Corneille. Le Public y courut en foule ; & ce qu'on ne peut trop estimer dans le neveu de ce grand homme, c'est l'emploi qu'il a fait du produit de cette Piéce, qu'il a consacrée entiérement à faire honneur aux dettes contractées pour le soutien de sa famille, à commencer l'éducation d'une fille qui en mérite, à lui donner des Maîtres, & à payer les premiers mois de sa pension au Couvent.

Du fond de l'Elyfée accourant fur la Scène,
Je me croyais encore aux jours où Melpomène
Vit par mes foins heureux fon deftin fecondé,
Quand tout un peuple, amant des tragiques alarmes,
     M'applaudit par fes larmes,
Quand je mettais en pleurs & Turenne & Condé.

     Si de mes vieux Héros les généreux organes
Dans le fang de Corneille ont honoré fes mânes,
Ah ! pour venger fes droits noblement ufurpés,
Dis : Que ne fera pas un rival qui l'imite,
     Une ame fans limite,
Qui franchit d'Hélicon tous les bords efcarpés ?

     VULGAIRE couronné, que de Monarques même
Seraient trop au deffous de cet honneur fuprême !
Connaiffent-ils le prix des fublimes travaux ?
Il eft, il eft des cœurs qu'enflamme le génie ;
     Ces enfans d'Uranie
Doivent feuls protéger les fils de leurs rivaux.

     Un rival de mon nom (fi quelqu'un le peut être,)
Voilà le protecteur que tu dois reconnaître :
Tu peux, en l'implorant, l'élever jufqu'à toi.
Voltaire eft ce rival, du moins fi j'ofe en croire
     Les récits que la gloire
Sur la rive des Morts en fema jufqu'à moi.

     Racine en fut jaloux ; mes hautes deftinées
A peine raffuraient mes palmes étonnées :
Le Taffe en rougiffant applaudit fon vainqueur.
J'entendis les foupirs de Sophocle & d'Efchile ;
     Et même aux yeux d'Achille,
Henri d'un autre Homère a flatté fon grand cœur.

     C'eft peu qu'en fes écrits l'humanité l'infpire,
La tendre humanité dans fon ame refpire :

Elle ouvre aux malheureux & son cœur & sa main,
Souvent avec ses pleurs son or même s'écoule,
    Et ses bienfaits en foule
'De l'avide infortune ont arrosé le sein.

    Que la gloire les vante, & que ses mains fidéles,
Consacrant des bienfaits ces augustes modéles,
Les gravent sur le front du Palais de Plutus ;
Que de la bienfaisance il devienne le Temple,
    Où l'univers contemple
Cet incroyable hymen de l'or & des vertus.

    Périssent les trésors, périsse le barbare
Qui de son or jaloux ferme la source avare,
Pour y désaltérer ses regards clandestins !
Des trésors si vantés l'usage salutaire,
    C'est d'être tributaire
Du mérite indigent qu'ont trahi les destins.

    Bienfaisance sublime, ô Déesse adorée,
Toujours à tes regards l'infortune est sacrée :
Un grand cœur s'enrichit des présens qu'il a faits,
Qu'il est beau d'accueillir la vertu malheureuse !
    Une ame généreuse
Enchaîne tous les cœurs par le nœud des bienfaits.

    Ma fille, si mon ombre au sein de l'Elysée,
Par ces récits heureux ne fut point abusée,
Il est digne en effet de venger tes malheurs.
Tes malheurs & ton nom, quels titres plus augustes !
    Quels arbitres plus justes
Entre le sort & toi, que sa gloire & tes pleurs ?

    Dis-lui que si Mérope eût devancé Chimène,
De son cahos obscur dégageant Melpomène,
Sans doute il eût brillé de l'éclat dont j'ai lui :
S'il eût été Corneille, & si j'étais Voltaire,
    Généreux adversaire,
Ce qu'il fera pour toi, je l'eusse fait pour lui.

H iv

LETTRE

DE M. DE VOLTAIRE

À MONSIEUR LE BRUN,

Secrétaire des Commandemens de S. A. S. M. le
Prince de CONTI.

Au Château de Ferney, pays de Gex, par Genève,
5. Novembre 1760.

JE vous ferais, Monsieur, attendre ma réponse
quatre mois au moins, si je prétendais la faire en
aussi beaux vers que les vôtres. Il faut me borner
à vous dire en prose combien j'aime votre Ode &
votre proposition. Il convient assez qu'un vieux soldat du grand Corneille tâche d'être utile à la petite
fille de son Général. Quand on bâtit des châteaux
& des Eglises, & qu'on a des parens pauvres à soutenir, il ne reste guéres de quoi faire ce qu'on
voudrait pour une personne qui ne doit être secou-
rue que par les plus grands du Royaume.

Je suis vieux, j'ai une niéce qui aime tous les
arts, & qui réussit dans quelques-uns. Si la personne dont vous me parlez, & que vous connaissez
sans doute, voulait accepter auprès de ma niéce l'éducation la plus honnête, elle en aurait soin comme
de sa fille ; je chercherais à lui servir de pere : le
sien n'aurait absolument rien à dépenser pour elle.
On lui payerait son voyage jusqu'à Lyon. Elle serait
adressée à Lyon à M. Tronchin, qui lui fournirait

une voiture jufqu'à mon château, ou bien une femme irait la prendre dans mon équipage. Si cela convient, je fuis à fes ordres ; & j'efpére avoir à vous remercier jufqu'au dernier jour de ma vie, de m'avoir procuré l'honneur de faire ce que devait faire M. de Fontenelle. Une partie de l'éducation de cette Demoifelle ferait de nous voir jouer quelquefois les Piéces de fon grand-pere, & nous lui ferions broder les fujets de Cinna & du Cid.

J'ai l'honneur d'être, avec toute l'eftime & tous les fentimens que je vous dois,

Monfieur,

Votre très-humble & très-obéiffant
fervitéur,

VOLTAIRE.

RÉPONSE

DE MONSIEUR LE BRUN

A M. DE VOLTAIRE.

A Paris, ce 12 Novembre 1760.

JE n'accepte, Monsieur, les éloges flatteurs que vous donnez à mes vers, que pour les rendre à la noblesse de votre procédé; voilà ce qui mérite d'être loué. Vous goûtez ce bonheur si méconnu, si pur de faire des heureux. Je m'attendais à votre réponse; elle n'étonnera que l'envie. J'ai couru la lire à Mademoiselle Corneille : elle en a versé des larmes de joie, elle vous appelle déja son bienfaiteur & son pere. Elle promet à vos bontés & à celles de Madame votre niéce une éternelle reconnaissance; & je n'ai point de termes pour exprimer celle d'une famille que vous soulagez.

Pour moi, je m'estime trop heureux d'avoir pu servir à la fois & votre gloire, & le nom de Corneille. Vous l'appellez modestement votre Général; mais il vous eût dit :

De pareils Lieutenans n'ont de chefs qu'en idée.
Sertorius.

Vous avez fait, Monsieur, ce que Fontenelle n'a point fait, & ce que peut-être il n'a point dû faire; parce que le bel esprit écarte de la nature, & que le génie en rapproche. Vous avez fait plus que les Grands & les Rois, ces illustres ingrats; parce que l'élévation du rang ne décide point de la grandeur d'ame. Vous avez fenti qu'il y aurait une efpéce de honte à des Français de laiffer dans l'oubli & dans la mifére le nom d'un grand homme, qui a fi bien mérité de la patrie. Vous donnez à tous les hommes, à tous les fiécles, un modéle & des leçons d'humanité. Vous leur apprenez quels font les droits & les devoirs du génie.

Un procédé fi généreux a fait ici la fenfation la plus vive. Chacun eft jaloux de lire votre Lettre : on la regarde comme un monument public de bien-faifance. On répéte ces mots : *Je chercherais à lui fervir de pere.* Tous ceux qui chériffent la mémoire du grand Corneille, femblent partager votre bien-fait avec fa famille. On le trouve digne de vous, digne du Peintre d'Alvarès. On éléve votre cœur, votre génie, votre gloire : l'admiration refte fuf-pendue entre vos écrits & cette généfofité. Elle vous concilie tous les fuffrages ; & j'ofe dire que vous jouiffez de la reconnaiffance publique.

J'ai l'honneur d'être, avec un nouveau fujet d'ef-time & d'admiration,

Monfieur,

Votre très-humble & très-obéiffant ferviteur,

LE BRUN.

LETTRE

DE M. DE VOLTAIRE

A MONSIEUR LE BRUN.

Vous m'avez accoutumé, Monfieur, à ofer joindre mon nom à celui de Corneille, mais ce n'eft que quand il s'agit de fa niéce. Nous efpérons beaucoup d'elle, ma niéce & moi. J'efpére que je vous devrai une des grandes confolations de ma vieilleffe, celle d'avoir contribué à l'éducation de la coufine de Chimène, de Cornélie & de Camille.

Il faut que je vous dife encore qu'elle remplit exactement tous les devoirs de la Religion, & que nos Curés & notre Evêque font très-contens de la maniére dont on fe gouverne dans mes terres. Les***, le*** en feront peut-être fâchés; mais je ne peux qu'y faire. Les Philofophes fervent Dieu & le Roi, quoi que ces Meffieurs en difent. Nous ne fommes, à la vérité, ni Janféniftes, ni Moliniftes, ni Frondeurs : nous nous contentons d'être Français & Catholiques fort uniment. Cela doit paraître bien horrible à l'Auteur des Nouvelles Eccléfiaftiques.

Pour ce malheureux Wafp, ce n'eft qu'un Marfias qu'Apollon doit écorcher. Je vois affez par vos vers & par votre profe, combien vous devez méprifer certaines gens qui font l'opprobre de notre Littérature. Je vous eftime autant que je les dédaigne : votre diftinction entre le public & le vulgaire eft bien d'un homme qui mérite les fuffrages du Public. Daignez y joindre le mien, & compter sur la parfaite estime, j'ose dire sur l'amitié, de votre obéissant serviteur,

VOLTAIRE.

Au Château de Ferney, pays de Gex.

LETTRE

A MADEMOISELLE CORNEILLE.

Votre nom, Mademoiselle, votre mérite, & la Lettre dont vous m'honorez, augmentent dans Madame Dénis & dans moi le désir de vous recevoir, & de mériter la préférence que vous voulez bien nous donner.

Je dois vous dire que nous passons plusieurs mois de l'année dans une campagne auprès de Genève ; mais vous y aurez toutes les facilités & tous les secours possibles pour tous les devoirs de la Religion. D'ailleurs notre principale habitation est en France, à une lieue de là, dans un château très-agréable, que je viens de faire bâtir, & où vous serez beaucoup plus commodément que dans la maison d'où j'ai l'honneur de vous écrire. Vous trouverez dans l'une & dans l'autre habitation de quoi vous occuper tant aux petits ouvrages de la main qui pourront vous plaire, qu'à la Musique & à la lecture. Si votre goût est de vous instruire de la Géographie & de l'Histoire, nous ferons venir un Maître, qui sera sans doute très-honoré d'enseigner quelque chose à la petite-fille du grand Corneille :

mais je le ferai beaucoup plus que lui de vous voir habiter chez moi.

J'ai l'honneur d'être avec respect,

Mademoiselle,

Votre très-humble & très-obéissant serviteur,

VOLTAIRE.

LETTRE

DE MADAME DENIS.

JE me joins à mon oncle, Mademoiselle, pour vous marquer le plaisir que nous aurons de vous recevoir. Je ferai de mon mieux pour vous rendre votre séjour agréable, & pour mériter votre confiance. J'espère que, lorsque nous nous connaîtrons, vous m'accorderez un peu d'amitié. Je la mérite, par le désir que j'ai de vous servir, & de vous prouver les sentimens que votre nom & tout le bien que l'on nous dit de vous m'inspirent.

DENIS.

LETTRE

A MONSIEUR LE BRUN.

SUr la dernière Lettre que vous me faites l'honneur de m'écrire, Monsieur, sur le nom de Corneille, sur le mérite de la personne qui descend de ce grand homme, & sur la Lettre que j'ai reçue d'elle, je me détermine, avec la plus grande satisfaction, à faire pour elle tout ce que je pourrai. Je me flatte qu'elle ne sera pas effrayée d'un séjour à la campagne, où elle trouvera quelquefois des gens de mérite, qui sentent tout celui de son grand-père. M. Delaleu, Notaire très-connu à Paris, & qui demeure dans votre voisinage, rue Sainte-Croix de la Bretonnerie, vous remboursera sur le champ, & à l'inspection de cette seule Lettre, ce que vous aurez déboursé pour le voyage de Mademoiselle Corneille. Elle n'a aucun préparatif à faire : on lui fournira en arrivant le linge & les habits convenables. M. Tronchin, Banquier de Lyon, sera prévenu de son arrivée, & prendra le soin de la recevoir à Lyon, & de la faire conduire dans les terres que j'habite. Puisque vous daignez, Monsieur, entrer dans ces petits détails, je m'en rapporte entièrement à votre bonne volonté, & l'intérêt que vous prenez à un nom qui doit être si cher à tous les gens de Lettres.

J'ai l'honneur d'être, avec tous les sentimens de l'estime & de l'amitié dont vous m'honorez,

Monsieur,

Votre très-humble &très-obéissant serviteur,

VOLTAIRE.

LETTRE

DE M. DE VOLTAIRE

A M. L'ABBÉ D'OLIVET,

Chancelier de l'Académie Française.

Au Château de Ferney, 20 Août 1761.

VOus m'aviez donné, mon cher Chancelier, le
conseil de ne commenter que les Piéces de Corneille qui sont restées au Théâtre. Vous vouliez me
soulager ainsi d'une partie de mon fardeau, & j'y
avais consenti, moins par paresse que par le desir de
satisfaire plutôt le Public : mais j'ai vu que dans la
retraite j'avais plus de temps qu'on ne pense ; &
ayant déja commenté toutes les Piéces de Corneille
qu'on réprésente, je me vois en état de faire quelques notes utiles sur les autres.

Il y a plusieurs anecdotes curieuses qu'il est
agréable de sçavoir. Il y a plus d'une remarque à
faire sur la Langue. Je trouve, par exemple, plusieurs mots qui ont vieilli parmi nous, qui sont même
entiérement oubliés, & dont nos voisins les Anglais
se servent heureusement. Ils ont un terme pour
signifier cette plaisanterie, ce vrai comique, cette
gaieté, cette urbanité, ces saillies qui échapent à
un homme sans qu'il s'en doute ; & ils rendent
cette idée par le mot *humeur*, *humour*, qu'ils pro-
noncent *yumor* ; & ils croient qu'ils ont seuls cette
humeur ; que les autres nations n'ont point de
terme

terme pour exprimer ce caractére d'esprit. Cependant c'est un ancien mot de notre Langue , employé en ce sens dans plusieurs Comédies de Corneille. Au reste , quand je dis que cette humeur est
une espéce d'urbanité , je parle à un homme instruit , qui sçait que nous avons appliqué mal-à-propos le mot d'urbanité à la politesse , & qu'*urbani-
tas* signifiât à Rome précisément ce qu'*humour*
signifie chez les Anglais. C'est en ce sens qu'Horace
dit : *Frontis ad urbana descendi præmia ;* & jamais
ce mot n'est employé autrement dans cette Satyre
que nous avons sous le nom de Pétrone , & que
tant d'hommes sans goût ont prise pour l'ouvrage
d'un Consul Pétronius.

Le mot *partie* se trouve encore dans les Comédies de Corneille pour *esprit.* Cet homme a des
parties; c'est ce que les Anglais appellent *parts.* Ce
terme était excellent; car c'est le propre de l'homme
de n'avoir que des parties : on a une sorte d'esprit,
une sorte de talent; mais on né les a pas tous. Le
mot est trop vague ; & quand on vous dit ; Cet
homme a de l'esprit ; vous avez raison de demander du quel.

Que d'expressions nous manquent aujourd'hui ,
qui étaient énergiques du temps de Corneille ! Et
que de pertes nous avons faites , soit par pure négligence , soit par trop de délicatesse ! On assignait ,
on appointait un temps ; un rendez-vous. Celui qui
dans le moment marqué arrivait au lieu convenu ,
& qui n'y trouvait point son prometteur , était dé-
sappointé. Nous n'avons aucun mot pour exprimer
aujourd'hui cette situation d'un homme qui tient
sa parole , & à qui on en manque.

Nous avons renoncé à des expressions absolument nécessaires , dont les Anglais se sont heureusement enrichis. Une rue , un chemin sans issue ,

I

s'exprimait si bien par *non-passe*, *impasse* ; que les Anglais ont imité ; & nous sommes réduits au mot bas & impertinent de *cul-de-sac*, qui revient si souvent, & qui déshonore la Langue Française.

Je ne finirais point sur cet article, si je voulais sur-tout entrer ici dans le détail des phrases heureuses que nous avions prises des Italiens, & que nous avons abandonnées. Ce n'est pas d'ailleurs que notre Langue ne soit abondante & énergique ; mais elle pourrait l'être bien davantage. Ce qui nous a ôté une partie de nos richesses, c'est cette multitude de Livres frivoles, dans lesquels on ne trouve que le style de la conversation, & un vain ramas de phrases usées & d'expressions impropres. C'est cette malheureuse abondance qui nous appauvrit.

Je passe à un article plus important, qui me détermine à commenter jusqu'à Perthatite : c'est que dans ces ruines on trouve des trésors cachés. Qui croirait, par exemple, que le germe de Pyrrhus & d'Andromaque est dans Perthatite ? Qui croirait que Racine en ait pris les sentimens, les vers même ? Rien n'est pourtant plus vrai, rien n'est plus palpable. Un Grimoald dans Corneille menace une Rodelinde de faire périr son fils au berceau, si elle ne l'époufe.

Son fort est dans vos mains : aimer, ou dédaigner,
Le va faire périr, ou le faire régner.

Pyrrhus dit précisément dans la même situation :

Je vous le dis, il faut, ou périr, ou régner.

Grimoald dans Corneille veut punir sur ce fils innocent la dureté d'un cœur si peu reconnaissant. Pyrrhus dit dans Racine :

Le fils me répondra des mépris de la mere.

Rodelinde dit à Grimoald :

Comte, penſés-y bien ; & pour m'avoir aimée
N'imprime point de tache à tant de renommée :
Ne crois que ta vertu, laiſſe-la ſeule agir,
De peur qu'un tel effort ne te donne à rougir.
On publieroit de toi que le cœur d'une femme
Plus que ta propre gloire auroit touché ſon ame.
On diroit qu'un Héros ſi grand, ſi renommé,
Ne ſeroit qu'un tyran, s'il n'avoit point aimé.

Andromaque dit à Pyrrhus :

Seigneur, que faites-vous, & que dira la Grece ?
Faut-il qu'un ſi grand cœur montre tant de faibleſſe ?
Et qu'un deſſein ſi beau, ſi grand, ſi généreux,
Paſſe pour le tranſport d'un eſprit amoureux ?
Non, non, d'un ennemi reſpecter la miſere,
Sauver des malheureux, rendre un fils à ſa mere,
De cent peuples pour lui combattre la rigueur,
Sans lui faire payer ſon ſalut de mon cœur,
Malgré moi, s'il le faut, lui donner un aſyle,
Seigneur, voilà des ſoins dignes du fils d'Achille.

L'imitation eſt viſible, la reſſemblance eſt entiere.
Il y a plus, & je vais vous étonner. Tout le fond
des Scénes d'Oreſte & d'Hermione eſt pris d'un
Garibald & d'une Edvige, perſonnages inconnus de
cette malheureuſe Piéce inconnue. Quand il n'y aurait que ces noms barbares, ils euſſent ſuffi pour
faire tomber Pertharite ; & c'eſt à quoi Boileau
fait alluſion, quand il dit :

Qui de tant de Héros va choiſir Childebrand.

Mais Garibald, tout Garibald qu'il eſt, ne laiſſe
pas que de jouer avec ſon Edvige abſolument le
même rôle qu'Oreſte avec Hermione. Edvige aime

encore Grimoald, comme Hermione aime Pyrrhus :
elle veut que Garibald la venge d'un traître qui la
quitte pour Rodelinde. Hermione veut qu'Oreste
la venge de Pyrrhus qui la quitte pour Andromaque.

EDVIGE.

Pour gagner mon amour, il faut servir ma haine.

HERMIONE.

Vengez-moi, je crois tout.

GARIBALD.

Le pourrrez-vous, Madame ; & sçavez-vous vos forces ?
Sçavez-vous de l'amour qu'elles sont les amorces ?
Sçavez-vous ce qu'il peut, & qu'un visage aimé
Est toujours trop aimable à ce qu'il a charmé ?
Non, vous vous abusez, votre cœur vous abuse.

ORESTE.

Et vous le haïssez ! avouez-le, Madame ;
L'amour n'est pas un feu qu'on renferme en une ame :
Tout nous trahit, la voix, le silence, les yeux ;
Et les feux mal couverts n'en éclatent que mieux.

Ces idées que le génie de Corneille avait jet-
tées au hazard sans en profiter, le goût de Racine
les a recueillies & les a mises en œuvre : il a tiré
de l'or en cette occasion *de stercore Ennii.*

Corneille ne consultait personne, & Racine
consultait Boileau. Ainsi, l'un tomba toujours depuis
Héraclius, & l'autre s'éleva continuellement.

On croit assez communément que Racine amollit
& avilit même le Théâtre par ces déclamations
d'amour, qui ne sont que trop en possession de notre
Scène. Mais la vérité me force d'avouer que Corneille en usait ainsi avant lui ; & que Rotrou n'y
manquait pas avant Corneille.

Il n'y a aucune de leurs Pièces, qui ne soit fort-

dée en partie fur cette paffion. La feule différence
eft qu'ils ne l'ont jamais bien traitée, qu'ils n'ont
jamais attendri : l'amour n'a été touchant que dans
les Scènes du Cid, imitées de Guillain de Caftro,
& Corneille a mis de l'amour jufques dans le fujet
terrible d'Œdipe.

Vous fçavez que j'ofai traiter ce fujet, il y a qua-
rante-fept ans. J'ai encore la Lettre de M. Dacier,
à qui je montrai le troifiéme Acte imité de Sophocle, Il m'exhorte dans cette Lettre de 1714. à in-
troduire les Chœurs, & à ne point parler d'amour
dans un fujet où cette paffion eft fi impertinente.
Je fuivis fon confeil, je lus l'efquiffe de la Piéce
aux Comédiens. Ils me forcérent de rétrancher une
partie des Chœurs, & à mettre au moins quelque
fouvenir d'amour dans Philoctéte ; afin, difaient-ils,
qu'on pardonnât l'infipidité de Jocafte & d'Œdipe,
en faveur des fentimens de Philoctéte.

Le peu de Chœurs même que je laiffai, ne furent point exécutés. Tel était le déteftable goût
de ce temps-là. On répréfenta quelque temps après
Athalie, ce chef-d'œuvre du Théâtre. La nation
dut apprendre que la Scène pouvait fe paffer d'un
genre qui dégénere quelquefois en Idylle & en Eglo-
gue. Mais comme Athalie était foutenue par le pathétique de la Religion, on s'imagina qu'il fallait
toujours de l'amour dans les fujets profanes.

Enfin, Mérope, & en dernier lieu Orefte, ont
ouvert les yeux du Public. Je fuis perfuadé que
l'Auteur d'Electre penfe comme moi, & que jamais
il n'eût mis deux intrigues d'amour dans le plus
fublime & le plus effrayant fujet de l'antiquité, s'il
n'y avait été forcé par la malheureufe habitude
qu'on s'était faite de tout défigurer par ces intrigues
puériles, étrangéres au fujet : on en fentait le ridicule, & on l'exigeait des autres.

Les étrangers se moquaient de nous, mais nous n'en sçavions rien. Nous pensions qu'une femme ne pouvait paraître sur la Scène sans dire, J'aime, en cent façons, & en vers chargés d'épithètes & de chevilles. On n'entendait que, ma flamme, & mon ame ; mes feux, & mes vœux ; mon cœur, & mon vainqueur. Je reviens à Corneille, qui s'est élevé au dessus de ces petitesses, dans ces belles Scènes des Horaces, de Cinna, de Pompée, &c. Je reviens à vous dire que toutes ses Piéces pourront fournir quelques anecdotes & quelques réfléxions intéressantes.

Ne vous effrayez pas si tous ces commentaires produisent autant de volumes que votre Cicéron. Engagez l'Académie à me continuer ses bontés, ses leçons, & sur-tout donnez-lui l'exemple. Les Libraires de Génève, qui entreprennent cette édition avec le consentement de la Compagnie, disent que jamais Livre n'aura été donné à si bas prix. Il faut que cela soit ainsi ; afin que ceux dont la fortune n'égale pas le goût & les lumiéres, puissent jouir de ce petit avantage. On compte même le présenter aux gens de Lettres qui ne seraient pas en état de l'acquérir. C'est d'ordinaire aux grands Seigneurs, aux hommes puissans & riches qu'on donne son ouvrage ; on doit faire précisément le contraire, c'est à eux à le payer noblement : & c'est aussi le parti que prennent dans cette entreprise les premiers de la nation, & ceux qui ont des places considérables. Ils se font fait un honneur de rendre ce qu'on doit au grand Corneille près de cent après sa mort, & dans les temps les plus difficiles.

Je crois même qu'il n'y a point d'exemple dans l'Histoire de notre Littérature de ce qui vient d'arriver. Figurez-vous que deux personnes que je n'ai

jamais eu l'honneur de voir, à qui je n'avais même
jamais écrit, & que je n'avais point fait solliciter,
ont feules commencé cette entreprise, avec un
zéle fans lequel elle n'aurait jamais réuffi.

L'une eft Madame la Duchesse de Grammont,
qui l'a protégée, l'a recommandée, a fait fouscrire
un nombre confidérable d'étrangers, & qui enfin
n'écoutant que fa générofité & fa grandeur d'ame y
a fait pour Mademoifelle Corneille tout ce qu'elle
aurait fait, fi cette jeune héritiére d'un fi beau nom
avait eu le bonheur d'être connue d'elle.

Je vous avoue, mon cher Confrere, que les Piéces du grand Corneille [ne m'ont pas plus touché
que cet événement. Notre autre bienfaiteur, le
croirez-vous, eft le Banquier de la Cour, Monfieur de la Borde, qui fans me connaître, fans me
prévenir, a procuré plus de cent foufcriptions; &
c'eft une chofe que nous n'avons apptife ici que
quand elle a été faite.

Pendant qu'on favorifait ainfi notre entreprise
avec tant de générofité fans que je le fçuffe, je prenais la liberté de faire fupplier le Roi, notre Protecteur, de permettre que fon nom fût à la tête de
nos Soufcripteurs. Je propofais qu'il voulût bien
nous encourager pour la valeur de cinquante exemplaires. Il en prenait deux cents. J'en demandais
une douzaine à fon Alteffe Royale Monfeigneur
l'Infant Duc de Parme. Il a foufcrit pour trente.
Nos Princes du Sang ont prefque tous foufcrit.
M. le Duc de Choifeul s'eft fait infcrire pour vingt.
Madame la Marquife de Pompadour, à qui je n'en
avais pas même écrit, en a pris cinquante. Monfieur fon frere douze.

Parmi nos Académiciens M. le Comte de Cler-
mont ; M. le Cardinal de Bernis, M. le Maréchal de

I iv

Richelieu, M. le Duc de Nivernois, se sont signalés les premiers.

Non-seulement M. Watelet prend cinq exemplaires; mais il a la bonté de dessiner & de graver le frontispice. Il nous aide de ses talens & de son argent.

Enfin, que direz-vous quand je vous apprendrai que M. Bouret, qui ne me connaît pas, a souscrit pour vingt-quatre exemplaires?

Tout cela s'est fait avant qu'il y eût la moindre annonce imprimée, avant qu'on sçût de quel prix serait le Livre.

La Compagnie des Fermes générales a souscrit pour soixante.

Plusieurs autres Compagnies ont suivi cet exemple.

Cette noble émulation devient générale. A peine le premier bruit de cette édition projettée s'est répandu en Allemagne, que Monseigneur l'Electeur Palatin, Madame la Duchesse de Saxe-Gotha, se sont empressés de la favoriser.

A Londres nous avons eu Mylord Chesterfield, Mylord Littleton, Monsieur Fox le Secrétaire d'Etat, M. le Duc de Gordon, M. Crawfords & plusieurs autres.

Vous voyez, mon cher Confrere, que tandis que la politique divise les nations, & que le fanatisme divise les citoyens, les Belles-Lettres les réunissent. Quel plus bel éloge des Arts, & quel éloge plus vrai ! Autant on a de mépris pour des misérables qui déshonorent la Littérature par leurs infamies périodiques, & pour d'autres misérables qui la persécutent, autant on a de respect pour Corneille dans toute l'Europe.

Les Libraires de Genève, qui entreprennent cette édition, entrent généreusement dans toutes nos vûes.

Ils font d'une famille qui depuis long-temps eft dans les Confeils : l'un d'eux en eft membre. Ils penfent comme on doit penfer : nul intérêt, tout pour l'honneur.

Ils ne recevront d'argent de perfonne avant d'avoir donné le premier volume. Ils livreront pour deux louis d'or douze ou treize Tomes *in-8º*, avec trente-trois belles eftampes. Il y a certainement beaucoup de perte. Ce n'eft donc point par vanité que j'ai foufcrit pour cent exemplaires, c'était une néceffité abfolue ; & fans les bienfaits du Roi, fans les générofités qui viennent à notre fecours, l'entreprife était au rang de tant de projets approuvés & évanouis.

Je vous demande pardon d'une fi longue Lettre ; vous fçavez que les Commentateurs ne finiffent point, & fouvent ne difent que ce qui eft inutile.

Si vous voulez que je dife de bonnes chofes, écrivez-moi.

Je fuis, &c.

VOLTAIRE.

LETTRE

DE M. DE VOLTAIRE

A M. LE DUC DE BOUILLON,

Qui lui avait écrit une Lettre en vers, au sujet de l'Édition qu'il fait faire des Œuvres de Corneille, au profit de Mademoiselle Corneille.

VOUS voilà, Monseigneur, comme le Marquis de la Force, qui commença à sentir son talent pour la Poésie, à peu-près à votre âge, quand certains talens plus précieux étaient sur le point de baisser un peu, & de l'avertir qu'il y avait encore d'autres plaisirs.

Ses premiers vers furent pour l'amour, les seconds pour l'Abbé de Chaulieu. Vos premiers sont pour moi, cela n'est pas juste ; mais je vous en dois plus de reconnaissance. Vous me dites que j'ai toujours triomphé de mes ennemis, c'est vous qui faites mon triomphe.

Aux pieds de mes rochers, aux creux de mes vallons,
Pourrais-je regretter les rives de la Seine ?
La fille de Corneille écoute mes leçons,
    Je suis chanté par un Turenne :
    J'ai pour moi deux grandes maisons,
    chez Bellone & chez Melpomène.
    A l'abri de ces deux beaux noms,
    On peut mépriser les frélons,

Et contempler gaiment leur fotife & leur haine,
 C'eft quelque chofe d'être heureux ;
Mais c'eft un grand plaifir de le dire à l'Envie,
De l'abbatre à nos pieds , & d'en rire à fes yeux,
 Qu'un fouper eft délicieux ,
Quand on bravé, en mangeant, les griffes de l'Harpie !
Que des Freres B,,,,, les cris injurieux
 Font une plaifante harmonie !
Que c'eft pour un amant un pafé-tems bien doux
D'embraffer la beauté qui fubjugué fon ame,
Et d'affubler encor du fel de l'Epigramme
 Un rival fâcheux & jaloux !
Cela n'eft pas Chrétien, j'en conviens avec vous ;
Mais ces gens le font-ils ? Le monde eft uné guerre ;
On a des ennemis en tout genre, en tous lieux ;
 Tout mortel combat fur la terre,
Le diable avec Michel combattit dans les cieux.
On cabale à la Cour, à l'Eglife, à l'armée :
Au Parnaffe on fe bat pour un peu de fumée,
Pour un hom, pour du vent ; & je conclus au bout,
Qu'il faut jouir en paix , & fe moquer de tout.

Cependant , Monfeigneur, tout en riant on peut
faire du bien : votre Alteffe en veut faire à Mademoifelle Corneille. Vous voulez que je vous taxe pour
le nombre des exemplaires : fi je ne confultais que
votre cœur , je vous taxerais comme le Roi , vous
en feriez pour la valeur de deux cents ; mais comme
je fçais que vous allez par-tout femant votre argent,
& que fouvent il ne vous en refte guéres , je me
réduis à fix ; & j'augmenterai le nombre, fi j'apprends que vous êtes devenu œconome.

Je fupplie votre Alteffe de conferver vos bontés
au Suiffe VOLTAIRE.

LETTRE

DE M. LE DUC DE LA VALLIÈRE,

A M. DE VOLTAIRE,

Au sujet de l'Appel aux Nations.

JE vous ai mis dans l'erreur, mon cher ami, & j'en suis fâché. Si on vous la reproche, nommez-moi ; je le trouverai certainement très-bon. Je peux, sans rougir, avouer que je me suis trompé ; mais je ne peux avoir la même tranquillité, lorsque je sens que je vous ai exposé à la critique des envieux. Votre amitié pour moi, le goût que vous me connaissez pour les Livres, & pour feuilleter souvent ceux que j'ai, vous ont persuadé que vous pouviez avec sécurité employer une citation que je vous envoyais : je vous ai abusé, j'en suis honteux, & je l'avoue. Cet aveu simple & de bonne foi vous empêchera sans doute de m'en sçavoir mauvais gré : si j'en avais bien envie cependant, je pourrais prêter quelque apparence à ma justification, puisqu'il est très-vrai que je tiens ce passage d'un homme très-éclairé, qui me l'apporta pour le faire mettre en vers, & qui me dit l'avoir tiré des Sermons du Pere Codrus. Mais puisque je voulais vous l'envoyer, je pouvais auparavant faire ce que j'ai fait depuis que je l'ai trouvé dans l'Appel aux Nations, consulter mon exemplaire. J'y aurais sans doute trouvé ce conte ; mais j'aurais vu en même temps qu'Urseus Codrus, loin d'être un fameux Prédicateur, était au contraire un fameux libertin ;

qu'il avait fait imprimer fes Œuvres fous le titre de *Sermones. Feftivi* , &c. qu'elles contiennent quelques Difcours affez ordutiers , & beaucoup de Poëfies galantes ; qu'il n'a jamais fongé à travailler pour la Chaire. La première édition parut en 1501. *infolio* ; & la feconde qui eft celle que je vous ai citée , eft en effet de 1515. *in-4°.* & le paffage qui commence par *Quædam ruftici uxor* , &c. eft bien à la page 61. Sans entrer dans une plus longue differtation fur le Seigneur Urfeus Codrus , qui certainement n'a jamais tant fait parler de lui , je vois que ma faute eft d'avoir traduit *Sermones* comme l'on traduit *Collegium* , ou d'avoir eu trop de confiance en celui qui m'apporta ce fameux paffage. Qu'on en penfe ce qu'on voudra , je m'y foumets ; mais je défire qu'on foit bien convaincu que vous n'avez d'autre tort en cette occafion que de vous en être rapporté à moi. Faites imprimer ma Lettre , fi vous le jugez à propos : loin d'en être fâché , je le défire avec ardeur ; puifque ce fera une occafion de vous donner authentiquement une preuve de la fincére amitié que j'ai toujours eue pour vous. Que ne puis-je trouver celle de vous en donner de la véritable admiration que m'infpire la fupériorité de vos talens !

LE DUC DE LA VALLIÈRE.

A Mont-Rouge , ce 9. Avril 1761.

LETTRE

DE M. DE VOLTAIRE

A M. LE DUC DE LA VALLIÈRE.

VOtre procédé, Monseigneur le Duc, est de l'ancienne Chevalerie ; vous vous exposez, pour sauver
un homme qui s'est mis en péril à votre suite. Mais
la petite erreur dans laquelle vous m'aviez induit ,
sert à déployer votre profonde érudition. Peu de
Grands-Fauconniers auraient déterré les *Sermones
Festivi* imprimés en 1502, & réimprimés en 1515,
Raillerie à part , vous faites une action digne de
votre belle ame , en vous mettant pour moi à la
bréche.

Vous me difiez dans votre première Lettre qu'Urfeus Codrus était un grand Prédicateur ; vous m'apprenez dans votre seconde que c'était un grand libertin, mais qu'il n'était pas Cordelier. Vous demandez pardon à faint François d'Afsile & à tout l'Ordre Séraphique de la méptile où je suis tombé. Je
me joins à vous, & je prends sur moi la pénitence ;
mais if reste toujours très-véritable que les Mystéres
réprésentés à l'Hôtel de Bourgogne étaient beaucoup plus décens que la plûpart des Sermons de ce
temps. C'est sur ce point que toule la question.

Mettons qui nous voudrons à la place d'Urseus
Codrus , & nous aurons raison. Il n'y a pas un mot
dans les Mystéres qui révolte la pudeur & la piété.
Quarante afsociés qui font, & qui jouent des Piéces
saintes en Français , ne peuvent s'accorder à désho-

noter leurs Piéces par des indécences qui révolte-
raient le Public ; & qui feraient fermer leur Théâtre.
Mais un Prédicateur ignorant , qui travaille feul ,
qui ne rend compte à perfonne de fon ouvrage, qui
n'a nul ufage de bienféance , peut mêler dans fon
Sermon quelques fottifes, fur-tout quand il les prononce en Latin.

Tels étaient, par exemple, les Sermons du Cordelier Maillard , que vous avez fans doute dans votre Bibliothéque. Vous verrez dans fon Sermon du
Jeudi de la feconde femaine de Carême, qu'il apof-
trophe ainfi les femmes des Avocats qui portent des
habits garnis d'or : » Vous dites que vous êtes vêtues
» fuivant votre état ; à tous les diables votre état
» & vous-mêmes, Mefdemoifelles. Vous me direz
» peut-être : Nos maris ne nous donnent point de fi
» belles robes , nous les gagnons de la peine de
» notre corps ; à trente mille diables la peine de
» votre corps, Mefdemoifelles. «

Je ne vous répéte que ce trait du Frere Maillard,
pour ménager votre pudeur ; mais fi vous voulez
vous donner le foin d'en chercher de plus forts dans
le même Auteur , vous en trouverez de dignes
d'Urfeus Codrus. Freres André & Menot étaient fort
fameux pour ces turpitudes. La Chaire, à la vérité,
n'était pas toujours fouillée par des obfcénités : mais
long-temps les Sermons ne valurent pas mieux que
les Myftéres de l'Hôtel de Bourgogne.

Il faut avouer que les prétendus Réformés de
France furent les premiers qui mirent quelque raifon dans leur difcours ; parce qu'on eft obligé de
raifonner , quand on veut changer les idées des hommes. Cette raifon était bien loin de l'éloquence. La
Chaire, le Barreau, le Théâtre , la Philofophie, la
Littérature , la Théologie , tout chez nous fut , à
quelques exceptions près, fort au deffous des Piéces
qu'on joue aujourd'hui à la Foire.

Le bon goût en tout genre n'établit son empire que dans le siécle de Louis XIV. C'est-là ce qui me détermina il y a long-temps, à donner une legére esquisse de ce temps glorieux; & vous avez remarqué que, dans cette Histoire, c'est le siécle qui est mon Héros, encore plus que Louis XIV. lui-même, quelque respect & quelque reconnaissance que nous devions à sa mémoire.

Il est vrai qu'en général nos voisins ne valaient guéres mieux que nous. Comment s'est-il pu faire que l'on prêchât toujours, & que l'on prêchât si mal ? Comment les Italiens qui s'étaient tirés depuis long-temps de la barbarie en tant de genres, ne furent, pour la plûpart, dans la Chaire que des arlequins en surplis; tandis que la Jérusalem du Tasse égalait l'Iliade, que l'*Orlando furioso* surpassait l'Odyssée; que le *Pastor fido* n'avait point de modéle dans l'antiquité, & que les Raphaël & les Paul Véronése exécutaient réellement ce qu'on imagine des Zeuxis & des Apelles ?

Il n'est pas, Monseigneur le Duc, que vous n'ayez lû le Concile de Trente. Il n'y a point de Duc & Pair, à ce que je pense, qui n'en lise quelque Session tous les matins. Nous avez remarqué le Sermon de l'ouverture du Concile par l'Evêque de Bitonto.

Il prouva premiérement que le Concile est nécessaire; parce que plusieurs Conciles ont déposé des Rois & des Empereurs. Secondement, parce que dans l'Enéide Jupiter assemble le concile des Dieux. Troisiémement, parce qu'à la création de l'homme, & à l'aventure de la Tour de Babel, Dieu s'y prit en forme de Concile. Il assure ensuite que tous les Prélats doivent se rendre à Trente, comme dans le cheval de Troye; enfin, que la porte du Paradis & du Concile est la même; que l'eau vive en découle; & que les Peres doivent en arroser

leurs

leurs cœurs comme des terres féches ; faute de quoi
le Saint - Efprit leur ouvrira la bouche comme à
Balaam & à Caïphe.

Voilà ce qui fut prêché devant les États généraux de la Chrétienté. Le Sermon de faint Antoine
de Padoüe aux poiffons eft encore plus fameux en
Italie que celui de M. de Bitonto. On pourrait donc
excufer notre Frere André & notre Frere Garaffe,
& tous nos Gilles de la Chaire des feiziéme & dix-
feptiéme fiécles ; s'ils n'ont pas mieux valu que nos
Maîtres les Italiens.

Mais quelle était la fource de cette groffiéreté
abfurde ; fi univerfellement répandue en Italie du
temps du Taffe ; en France du temps de Montagne, de Charon, & du Chancelier de l'Hôpital ;
en Angleterre dans le fiécle du Chancelier Bacon ?
Comment ces hommes de génie ne réformaient-ils
pas leur fiécle ? Prenez-vous-en aux Colléges qui
élevaient la jeuneffe, & à l'efprit Monachal &
Théologal, qui mettait la derniére main à notre
barbarie, que les Colléges avaient ébauchée. Un
génie tel que le Taffe lifait Virgile, & produifait
la Jérufalem. Un Machiavel lifait Térence, & faifait la Mandragore. Mais quel Moine, quel Curé
lifait Cicéron & Démofthène ? Un malheureux éco-
lier devenu imbécille pour avoir été forcé pendant
quatre ans d'apprendre par cœur Jean Defpautère,
& enfuite devenu fou pour avoir foutenu Thèfe fur
l'Univerfel de la part de la chofe & de la penfée,
& fur les Catégories, recevait en Public fon bonnet
& fes lettres de démence, & s'en allait prêcher
devant un auditoire ; dont les trois quarts étaient
plus imbécilles que lui, & plus mal élevés.

Le peuple écoutait fes farces Théologiques le
cou tendu, les yeux fixes, & la bouche ouverte,
comme les enfans écoutent des contes de forciers,

K

& s'en retournait tout contrit. Le même esprit qui
le conduisait aux facéties de la Mere Sotte, le conduisait à ces Sermons ; & on y était d'autant plus
assidu, qu'il n'en coutait rien.

Ce ne fut guéres que du temps de Coëffetau &
de Balzac, que quelques Prédicateurs osérent parler raisonnablement, mais ennuyeusement. Et enfin Bourdaloue fut le premier en Europe, qui eût
de l'éloquence en Chaire. Je rapporterai encore ici
le témoignage de Burnet Evêque de Salisburi, qui
dit dans ses Mémoires, qu'en voyageant en France
il fut étonné de ces Sermons, & que Bourdaloue
réforma les Prédicateurs d'Angleterre, comme ceux
de France.

Bourdaloue fut presque le Corneille de la Chaire
(si on l'ose dire,) comme Massillon en a été depuis
le Racine ; non que j'égale un art profane à un
saint ministére, ni que j'égale non plus la difficulté
médiocre de faire un bon Sermon à la difficulté
prodigieuse de faire une bonne Tragédie. Mais je
dis que Bourdaloue porta la force du raisonnement
dans l'art de prêcher, comme Corneille l'avait porté
dans l'art Dramatique, & que Massillon s'étudia à
être aussi élégant en prose que Racine l'était en vers.

Il est vrai qu'on reprocha quelquefois à Bourdaloue, comme à Corneille, d'être un peu trop Avo-
cat, de vouloir quelquefois trop prouver, au lieu
de toucher, & de donner quelquefois de mauvaises
preuves. Massillon au contraire crut qu'il valait
mieux peindre & émouvoir ; il imita Racine, autant qu'on peut l'imiter en prose, en prêchant pourtant, comme de raison, que les Auteurs Drama-
tiques sont damnés. Son style est pur, ses peintures sont attendrissantes. Relisez ce morceau sur l'humanité des Grands.

Hélas ! s'il pouvait être quelquefois permis

» d'être fombre, bizarre, chagrin, à charge aux
» autres & à foi-même, ce devrait être à ces in-
» fortunés, que la mifére, les calamités, les nécef-
» fités domeftiques, & tous les plus noirs foucis en-
» vironnent. Ils feraient bien plus dignes d'excufes;
» fi portant déja le deuil, l'amertume, le défefpoir
» dans le cœur, ils en laiffaient échaper quelques
» traits au dehors. Mais faut-il que les Grands, les
» heureux du monde à qui tout rit, & que les joies
» & les plaifirs accompagnent par-tout, prétendent
» tirer de leur félicité même un privilége qui excufe
» leurs chagrins bizarres & leurs caprices; qu'il
» leur foit permis d'être fâcheux, inquiets, ina-
» bordables, parce qu'ils font heureux; qu'ils regar-
» dent comme un droit acquis à leur profpérité,
» d'accabler encore du poids de leur humeur des
» malheureux qui gémiffent déja fous le joug de
» leur autorité & de leur puiffance ? «

Souvenez-vous enfuite de ce morceau de Britannicus.

Tout ce que vous voyez, confpire à vos defirs;
Vos jours, toujours fereins, coulent dans les plaifirs;
L'Empire en eft pour vous l'inépuifable fource;
Ou fi quelque chagrin en interrompt la courfe,
Tout l'univers foigneux de les entretenir,
S'empreffe à l'effacer de votre fouvenir,
Britannicus eft feul: quelqu'ennui qui le préffe,
Il ne voit dans fon fort que moi qui s'intéreffe;
Et n'a pour tout plaifir, Seigneur, que quelques pleurs,
Qui lui font quelquefois oublier fes malheurs.

Je crois voir, dans la comparaifon de ces deux
morceaux, le difciple qui tâche de lutter contre le
Maître. Je vous en montrerais vingt exemples, fi
je ne craignais d'être long.

K ij

Maffillon & Cheminais fçavaient Racine par cœur, & déguifaient fes vers dans leur profe. C'eft ainfi que plufieurs Prédicateurs venaient apprendre chez Baron l'art de la déclamation, & rectifiaient enfuite le gefte du Comédien par le gefte de l'Orateur facré. Rien ne prouve mieux que tous les Arts font freres, quoique les Artiftes foient bien loin de l'être.

Le malheur des Sermons, c'eft que ce font des déclamations, dans lefquelles on dit fouvent le pour & le contre. Le même homme qui, Dimanche dernier, affurait qu'il n'y a point de félicité dans la grandeur ; que les Couronnes font d'épines ; que les Cours ne renferment que d'illuftres malheureux ; que la joie n'eft répandue que fur le front du pauvre, prêche, le Dimanche fuivant, que le peuple eft condamné à l'affliction & aux larmes, & que les Grands de la terre font plongés dans des délices dangereufes.

Ils difent dans l'Avent, que Dieu eft fans ceffe occupé du foin de fournir à tous nos befoins ; & en Carême, que la terre eft maudite. Ces lieux communs le menent jufqu'au bout de l'année par des phrafes fleuries.

Les Prédicateurs en Angleterre ont pris un autre tour, qui ne nous conviendrait guéres. Le Livre de la Métaphyfique la plus profonde eft le Recueil des Sermons de Clarke. On dirait qu'il n'a prêché que pour des Philofophes : encore ces Philofophes auraient pu lui demander à chaque période un long éclairciffement ; & le Français à Londres, à qui on ne prouve rien, aurait bientôt laiffé là le Prédicateur. Son Recueil a fait un excellent Livre, que peu de gens font capables d'entendre.

Quelle différence entre les temps & entre les nations ! Et qu'il y a loin de Frere Garaffe & de Frere André, aux Clarkes & aux Maffillons !

Dans l'étude que j'ai faite de l'Hiſtoire, j'en ai toujours tiré ce fruit, que le temps où nous vivons, eſt de tous les temps le plus éclairé, malgré nos mauvais Livres; comme il eſt le plus heureux, malgré quelques calamités paſſagéres. Car quel eſt l'homme de Lettres qui ne ſçache que le bon goût n'a été le partage de la France, qu'à commencer du temps de Cinna & des Provinciales? Et quel eſt l'homme un peu verſé dans notre Hiſtoire, qui puiſſe aſſigner un temps plus malheureux depuis Clovis, que le temps qui s'eſt écoulé depuis que Louis XIV. commença à régner par lui-même, juſqu'au moment où j'ai l'honneur de vous parler? Je défie l'homme de la plus mauvaiſe humeur, de me dire quel ſiécle il voudrait préférer au nôtre.

Il faut être juſte. Il faut convenir, par exemple, qu'un Géométre de vingt-quatre ans en ſçait beaucoup plus que Deſcartes; qu'un Vicaire de Paroiſſe prêche plus raiſonnablement que le grand Aumônier de Louis XII. La nation eſt plus inſtruite, le ſtyle en général eſt meilleur; par conſéquent les eſprits ſont mieux faits aujourd'hui qu'ils ne l'étaient autrefois.

Vous me direz, Monſieur, que nous ſommes à préſent dans la décadence du ſiécle, & qu'il y a beaucoup moins de génie & de talens que dans les beaux jours de Louis XIV. Oui, le génie a baiſſé néceſſairement, mais les lumiéres ſe ſont multipliées. Mille Peintres du temps de Salvatorroze ne valaient pas Raphaël & Michel-Ange. Mais ces mille Peintres médiocres que Raphaël & Michel-Ange avaient formés, compoſaient une Ecole infiniment ſupérieure à celle que ces deux grands hommes trouvérent établie de leur temps. Nous n'avons à préſent, ſur la fin de notre beau ſiécle, ni de Maſſillon, ni de Bourdaloue, ni de Boſſuet, ni de Fénelon: mais le plus ennuyeux de nos Prédicateurs d'aujourd'hui est un Démosthène, en comparaison de tous ceux qui ont prêché depuis S. Remi jusqu'au Frere Garasse.

Il y a plus de distance de la moindre de nos Tragédies aux Piéces de Jodelle, que de l'Athalie de Racine aux Machabées de la Motte, & au Moyse de l'Abbé Nadal. En un mot, dans tous les Arts de l'esprit, nos Artistes valent moins qu'au commencement du grand siécle & dans ses beaux jours ; mais la nation vaut mieux. Nous sommes inondés, à la vérité de Brochûres ; & la mienne se mêle à la foule : c'est une multitude prodigieuse de moucherons & de chenilles, qui prouvent l'abondance des fruits & des fleurs. Vous ne voyez pas de ces insectes dans une terre stérile ; & remarquez que dans cette foule immense de ces petits écrits, tous effacés les uns par les autres, & tous précipités au bout de quelques jours dans un oubli éternel, il y a souvent plus de goût & de finesse, que vous n'en trouverez dans tous les Livres écrits avant les Lettres Provinciales.

Voilà l'état de nos richesses de l'esprit, comparées à une indigence de plus de douze cents années.

Si vous examinez à présent nos Mœurs, nos Loix, notre Gouvernement, notre société, vous trouverez que mon compte est juste. Je date depuis le moment où Louis XIV. prit en mains les rênes ; & je demande au plus acharné Frondeur, au plus triste Panégyrique des temps passés, s'il osera comparer le temps où nous vivons, à celui où l'Archevêque de Paris portait au Parlement un poignard dans sa poche ? Aimera-t-il mieux le siécle précédent, où l'on tuait le Ministre à coup de pistolet, & où l'on condamnait sa femme à être brûlée comme sorcière ? Dix ou douze années du grand Henri IV. paraissent heureuses, après quarante ans d'abominations &

d'horreurs, qui font dreſſer les cheveux. Mais pendant ce peu d'années que le meilleur des Princes
employait à guérir nos bleſſures, elles ſaignaient
de tous côtés : le poiſon de la Ligue. infectait encore
les eſprits, les familles étaient diviſées, les mœurs
étaient dures, le fanatiſme régnait par-tout, hors à
la Cour ; le commerce commençait à naître, mais
on n'en goûtait pas encore les avantages ; la ſociété
était ſans agrémens, les Villes ſans police, toutes
les conſolations de la vie manquaient en général
aux hommes.

Remontez à travers cent mille aſſaſſinats commis
au nom de Dieu, ſur les débris de nos Villes en
cendres, juſqu'au temps de François I. vous voyez
l'Italie teinte de notre ſang, un Roi priſonnier dans
Madrid, les ennemis au milieu de nos Provinces.

Le nom de *Pere du peuple* eſt reſté à Louis XII.
mais ce Pere eut des enfans bien malheureux, &
le fut lui-même. Chaſſé de l'Italie, dupé par le
Pape, vaincu par Henri VIII. obligé de donner
de l'argent à ſon vainqueur, pour épouſer ſa ſœur,
il fut bon Roi d'un peuple groſſier, pauvre &
privé d'Arts & de Manufactures. Sa Capitale n'était
qu'un amas de maiſons de paille & de plâtre, preſque toutes couvertes de chaume. Il vaut mieux ſans
doute vivre ſous le bon Roi d'un peuple éclairé &
opulent, quoique malin & raiſonneur.

Plus vous vous enfoncez dans les ſiécles précé-
dens, plus vous trouvez tout ſauvage ; & c'eſt ce
qui rend notre Hiſtoire de France ſi dégoûtante,
qu'on a été obligé d'en faire des abrégés chrono-
logiques à colonnes, où tout le néceſſaire ſe trouve,
& où l'inutile eſt omis, pour ſauver l'ennui d'une
lecture inſupportable à ceux de nos compatriotes
qui veulent ſçavoir en quelle année la Sorbonne
fut fondée, & aux curieux qui doutent ſi la Statue

équeftre qui eft dans la Cathédrale gothique de
Paris, eft de Philippe de Valois ou de Philippe
le Bel.

Ne diffimulons point, nous n'exiftons que depuis
environ fix-vingts ans : Loix, Police, Difcipline
militaire, Marine, Beaux-Arts, magnificence, efprit,
goût, tout commence à Louis XIV, & plufieurs avantages fe perfectionnent aujourd'hui. C'eft là ce que
j'ai voulu infinuer, en difant que tout était barbare
chez nous auparavant, & que la Chaire l'était
comme tout le refte. Urfeus Codrus ne valait pas
trop la peine que je vous parlaffe long-temps de
lui ; mais il m'a fourni ces réfléxions que je crois
utiles. Il faut tâcher de tirer parti de tout.

N. B. Dans l'éloge que je viens de faire de ce
fiécle, dont je vois la fin, je ne prétends point du
tout comprendre le Libraire qui a imprimé l'Appel
aux Nations, en faveur de Corneille & de Racine
contre Shakefpear & Ofwai ; & j'avouerai fans peine
que Robert Etienne imprimait plus correctement
que lui. Il a mis des certitudes pour des attitudes,
profane pour ancienne, votre fœur pour ma fœur,
& quelques autres contre-fens qui défigurent un
peu cette importante Brochure. Comme c'eft un procès qui doit être jugé à Petersbourg, à Berlin, à
Vienne, à Paris, & à Rome, par les gens qui n'ont
rien à faire, il eft bon que les piéces ne foient pas
altérées.

LETTRE

DE M. DE VOLTAIRE

A MYLORD LYDLETTON.

J'Ai lû les ingénieux Dialogues des Morts : j'y trouve que je fuis éxilé , & que je fuis coupable de quelques excès dans mes écrits. Je fuis obligé (peut-être pour l'honneur de ma nation) de dire que je ne fuis point éxilé ; parce que je n'ai pas commis les fautes que l'Auteur des Dialogues m'impute.

Perfonne n'a plus élevé fa voix que moi en faveur des droits de l'humanité ; & cependant je n'ai jamais excédé même les bornes de cette vertu.

Je ne fuis point établi en Suiffe , comme il le croit. Je vis dans mes terres en France : la retraite convient aux vieillards , & fur-tout la retraite dans fes poffeffions. Il eft vrai que j'ai une petite maifon de campagne auprès de Genève ; mais ma demeure & mes châteaux font en Bourgogne. Là bonté que mon Roi a eue de confirmer les priviléges de mes terres , qui font exemptes de toute impofition , m'a encore attaché à fa perfonne.

Si j'avais été éxilé , je n'aurais pas obtenu des paffe-ports de ma Cour pour plufieurs Seigneurs Anglais. Le fervice que je leur ai rendu, me donne droit à la juftice que j'attends de l'Auteur des Dialogues.

Quant à la Religion, je penfe & je crois qu'il penfe comme moi, que Dieu n'eft ni Presbytérien,

ni Luthérien, ni de la baſſe, ni de la haute Egliſe:
Dieu eſt le Pere de tout le genre humain, Pere de
Mylord, & le mien.

Je ſuis, &c.

Du Château de Ferney en Bourgogne.

REPONSE

DE MYLORD LYDLETTON.

MOnſieur, j'ai reçu l'honneur de votre Lettre
datée de votre château de Ferney en Bourgogne.
Je vois le tort que j'ai eu en nommant votre retraite un exil. Lorſqu'on fera une nouvelle édition
de mes Dialogues en Anglais ou en Français, j'aurai ſoin de faire corriger cette erreur. Je ſuis bien
fâché de ne l'avoir pas ſçu plutôt ; car j'aurais pu
faire ce changement dans la traduction Françaiſe
que je viens de faire imprimer à Londres ſous
mes yeux. Je dois à la vérité & à moi-même, de
vous rendre juſtice. Vous avez de bien meilleurs
titres pour l'obtenir, que les paſſe-ports que vous
avez fait avoir à quelques Gentils-hommes Anglais
Vos droits ſont fondés ſur les ſentimens diſtingués
de reſpect que j'ai pour vous ; & que je ne crois
pas devoir aux priviléges que vous m'apprenez que
le Roi de France a confirmés à vos terres, mais aux
grands talens que Dieu vous a donnés, & au rang
que vous tenez dans la République des Lettres. Les
faveurs que votre Roi vous a faites, lui font hon-

neur ; mais elles n'ajoutent aucun luſtre au nom de Voltaire.

Je penſe comme vous, que Dieu eſt le Pere de tout le genre humain : je regarderais comme un blaſphême de vouloir borner ſa bonté à une ſeule ſecte, & je ne crois pas qu'aucune de ſes créatures puiſſe être agréable à ſes yeux, ſi elle n'étend ſa bienveillance ſur tout ce qui eſt créé. J'ai vu avec grand plaiſir cette opinion dans vos Ouvrages, & je regarderais comme un bonheur de pouvoir être convaincu que votre liberté de penſer & d'écrire ſur les différens ſujets de Philoſophie & de Religion n'a point excédé les bornes d'un principe auſſi généreux, ou que vous déſapprouvez dans les momens où vous y penſez de ſang froid, tous les écarts d'imagination qui ne peuvent pas être juſtifiés, mais qui ſont au moins excuſés par la vivacité & le feu du génie.

J'ai l'honneur d'être, &c.

LETTRE

DE M. DE VOLTAIRE

A M. L'ABBÉ TRUBLET,

*Qui lui avait envoyé son Discours de réception
à l'Académie Française.*

Au Château de Ferney, le 27. Avril 1761.

VOtre Lettre & votre procédé généreux, Monsieur, sont des preuves que vous n'êtes pas mon ennemi ; & votre Livre vous faisait soupçonner de l'être. J'aime bien mieux croire votre Lettre que votre Livre. Vous aviez imprimé que je vous faisais bâiller, & moi j'ai laissé imprimer que je me mettais à rire. Il résulte de tout cela que vous êtes difficile à amuser, & que je suis mauvais plaisant : mais enfin en bâillant & en riant, vous voilà mon Confrere ; & il faut tout oublier en bons Chrétiens. & en bons Académiciens.

Je suis fort content de votre harangue, & très-reconnaissant de la bonté que vous avez eue de me l'envoyer. A l'égard de votre Lettre : *Nardi parvus onix eliciet cadum.* Pardon de vous citer Horace, que vos Héros, Messieurs de Fontenelle & de la Motte, ne citaient guéres. Je suis obligé en conscience de vous dire que je ne suis pas né plus malin que vous, & que dans le fond je suis bon homme. Il est vrai qu'ayant fait réfléxion depuis quelques années qu'on ne gagnait rien à l'être,

Je me fuis mis à être un peu gai ; parce qu'on m'a dit que cela eſt bon pour la ſanté. D'ailleurs je ne me fuis pas cru aſſez important, aſſez conſidérable, pour dédaigner toujours certains illuſtres ennemis qui m'ont attaqué perſonnellement pendant une quarantaine d'années, & qui les uns après les autres ont eſſayé de m'accabler, comme ſi je leur avais diſputé un Évêché, ou une place de Fermier-Général. C'eſt par pure modeſtie que je leur ai donné enfin ſur les doigts. Je me fuis cru préciſément à leur niveau : *Et in arenam cum æqualibus deſcendi*, comme dit Cicéron.

Croyez, Monſieur, que je fais une grande différence entre vous & eux ; mais je me ſouviens que mes rivaux & moi, quand j'étais à Paris, nous étions tous fort peu de choſe, de pauvres écoliers du ſiécle de Louis XIV. les uns en vers, les autres en proſe ; quelques-uns moitié proſe, moitié vers, du nombre deſquels j'avais l'honneur d'être, infatigables Auteurs de Piéces médiocres, grands compoſiteurs de rien, péſant gravement des œufs de mouches dans des balances de toile d'araignées. Je n'ai preſque vu que de la petite charlatannerie ; je ſens parfaitement la valeur de ce néant ; mais comme je ſens également le néant de tout le reſte, j'imite le Vejanius d'Horace :

> Vejanius, armis
> Herculis ad poſtem fixis, latet abditus agro.

C'eſt de cette retraite que je vous dis très-ſincérement que je trouve des choſes utiles & agréables dans tout ce que vous avez fait ; que je vous pardonne cordialement de m'avoir pincé ; que je fuis fâché de vous avoir donné quelque coup d'épingle ; que votre procédé me déſarme pour jamais ;

que bonhomie vaut mieux que raillerie , & que je
suis , Monsieur , mon cher Confrere de tout mon
cœur , avec un véritable eſtime , & ſans compliment,
comme ſi de rien n'était;

Votre très-humble & très-obéiſſant
ſerviteur ,

VOLTAIRE.

REPONSE

DE M. L'ABBÉ TRUBLET

A M. DE VOLTAIRE.

Mille graces , Monſieur, & très-illuſtre Confrere,
de la réponſe dont vous m'avez honoré. Elle eſt
auſſi ingénieuſe qu'obligeante ; & ce qui vaut mieux
encore, elle eſt très-gaie : c'eſt la preuve de votre
bonne ſanté, la ſeule choſe qui vous reſte à prouver. Puiſſiez-vous la conſerver long-temps, & avec
elle tout le feu de votre génie ! C'eſt le vœu de
vos ennemis mêmes ; car s'ils n'aiment pas votre
perſonne, ils aiment vos Ouvrages. Il n'y a point
d'exception là-deſſus ; & malheur à ceux qu'il faudrait excepter. Pour moi, j'aime tout , les écrits
& l'Auteur ; & je ſuis, avec autant d'attachement
que d'eſtime ; Monſieur & très-illuſtre Confrere,

Votre très-humble & très-obéiſſant
ſerviteur,

TRUBLET.

LETTRE

DE M. DE VOLTAIRE,

SOUS LE NOM DE M. FORMEY,

Pour servir de modéle aux Lettres à insérer dans les Journaux.

TOut le monde eſt inſtruit à Paris, à Londres, en Italie, en Allemagne, de ma querelle avec l'illuſtre M. Boullier. On ne s'entretient dans l'Europe que de cette diſpute. Je croirais manquer au Public, à la vérité, à ma profeſſion, & à moi-même, comme on dit, ſi je reſtais muet vis-à-vis M. Boullier. J'ai pris des engagemens vis-à-vis du Public, il faut les remplir. L'univers à lû mes Penſées raiſonnables, que je donnai en 1749 au mois de Juin. Je ne ſçai ſi je dois les préférer à la Lettre que je lâchai ſous le nom de M. Gervaiſe Holmes en 1750. Tout Paris, vis-à-vis les Penſées raiſonnables, eſt pour la Lettre de M. Gervaiſe, & tout Londres eſt pour les Penſées. Je peux dire, vis-à-vis de Londres & de Paris, qu'il y a quelque choſe de plus profond dans les Penſées; & je ne ſçais quoi de plus brillant dans la Lettre.

Le Journal de T** du mois de Juin 1751 eſt de mon avis. Il eſt vrai que le Journal C** ſe déclare abſolument contre les Penſées raiſonnables. Je vais reprendre cette matiére, puiſque je l'ai déja diſcutée au long dans le Mercure de Février 1753, page 55 & ſuivantes, comme tout le monde ſçait.

Quelques perfonnes de confidération, pour qui j'aurai toute ma vie une déférence entière, m'ont confeillé de ne point répondre à M. Boullier, directement, attendu qu'il eft mort l'année paffée. Mais avec tout le refpect que je dois à ces Meffieurs, je leur dirai que je ne puis être de leur avis, par des raifons tirées du fond des chofes, que j'ai expliquées ailleurs.

Et pour le prouver, je rappellerai en peu de mots ce que j'ai dit dans le 295. Tome de ma Bibliothéque impartiale, page 77. rapporté très-infidélement dans le Journal Littéraire, Août 1759. Il s'agit, comme on fçait, des compoffibles & des idées contraires, qui ne répugnent point l'une à l'autre. J'avoüe que le R. P. H. . . . a traité cette matiére dans fon 17. Tome avec fa fagacité ordinaire, mais tous ceux qui ont lû les 101, 102 & 103. Tomes de ma Bibliothéque Germanique, ont de quoi confondre le P. H. ils verront aifément la différence entre les compoffibles, les poffibles fimples, les non poffibles, & les impoffibles. Il ferait aifé de s'y méprendre, fi on n'avait pas étudié à fond cette matiére dans les articles 7, 9 & 11 de ma Differtation de 1760, qui a eu un fi prodigieux fuccès.

Feu M. de Cahufac me manda quelque temps avant qu'il fût attaqué dans la Pie Mere, qu'il avait entendu dire à M. l'Abbé T. . que lui T. . tenait de M. de la Motte, que non-feulement Madame de Lambert avait un Mardi, mais qu'elle avait auffi un Mercredi; & que c'était dans une des affemblées du Mercredi, qu'on avait agité la queftion, fi M. Nedham fait des anguilles avec de la farine, comme l'affure pofitivement M. de Maupertuis. Ce fait eft lié néceffairement au fyftéme des compoffibles.

Je ne répondrai pas ici aux injures groffiéres

qu'on

qu'on a vomies publiquement contre moi à Paris dans la derniére Assemblée du Clergé. Le Député de la Province de Champagne dit à l'oreille du Député de la Province de Languedoc, que l'ennui & mes Ouvrages étaient au rang des compossibles. Cette horreur a été répétée dans vingt-sept Journaux. J'ai déja répondu à cette calomnie abominable, dans ma Bibliothéque Germanique d'une maniére victorieuse.

Je distingue trois sortes d'ennuis. 1°. L'ennui qui vient du caractére du Lecteur, qu'on ne peut, ni amuser, ni persuader. 2°. L'ennui qui vient du caractére de l'Auteur ; & cela se subdivise en quarante-huit sortes. 3°. L'ennui provenant de l'Ouvrage : cet ennui vient de la matiére ou de la forme. C'est pourquoi je reviens à M. Boullier mon adversaire, que j'estimerai toujours par la conformité qu'il avait avec moi. Il fit en 1730 son Ame des Bêtes. Un mauvais plaisant dit à ce sujet, que M. Boullier était un excellent citoyen, mais qu'il n'était pas assez instruit de l'histoire de son pays. Cette plaisanterie est déplacée, comme cela est prouvé dans le Journal Helvétique, Octobre 1739 ; ensuite il donna ses admirables pensées sur les pensées qu'un homme avait données à propos des pensées d'un autre.

On sçait quel bruit cet Ouvrage fit dans le monde. Ce fut à cette occasion que je conçus le premier dessein de mes Pensées raisonnables. J'apprends qu'un Sçavant de Wittemberg a écrit contre mon titre, & qu'il y trouve une double erreur. J'en ai écrit à M. Pitt en Angleterre, & à Mylord Holdernesse. Je suis étonné qu'ils ne m'ayent point fait de réponse. Je persiste toujours dans le dessein de faire l'Encyclopédie tout seul : si M. de Cahusac n'était pas mort, nous aurions été deux.

J'oubliais un article assez important : c'est la

L

fameuse Réponse de M. Pfof, Recteur de l'Université de Wirtemberg, au R. P. C *** Recteur des RR. PP. Jésuites de Colmar. On en a fait coup sur coup trois éditions; & tous les Sçavans ont été partagés.

J'ai pleinement éclairci cette matière, & j'ai même quatre volumes sous Presse, dans lesquels j'examine ce qui m'avait échapé. Ils couteront 3 livres le volume; c'est marché donné.

Il y a long-temps que je n'ai eu des nouvelles du célébre Professeur Vernet, connu dans tout l'univers par son zéle pour les Manuscrits. Son Catéchisme Chrétien, ainsi que mon Philosophe Chrétien, & le Journal C** sont les trois meilleurs Ouvrages dont l'Europe puisse se vanter, depuis les bigarrures du sieur Desaccords. Mais jusqu'à présent personne n'a assez approfondi le sens du fameux passage qu'on trouve dans la vie de Pythagore par le Pere Gretzère, dans son vingt-uniéme volume in-folio. Il s'est totalement trompé sur le Chapitre, comme je le prouve.

Je reçois en ce moment par le chariot de Poste les dix-huit tomes de la Théologie de mon illustre ami Monsieur Oucker. J'en rendrai compte dans mon prochain Journal. Il y a des Souscripteurs qui me doivent plus de six mois, je les prie de me lire & de me payer.

LETTRE

DE M. DE VOLTAIRE

AU ROI STANISLAS.

SIRE,

JE n'ai jamais que des graces à rendre à Votre Majesté. Je ne vous ai connu que par vos bienfaits, qui vous ont mérité votre beau titre. Vous instruisez le monde ; vous l'embellissez, vous le soulagez ; vous donnez des préceptes & des exemples. J'ai tâché de profiter de loin des uns & des autres, autant que j'ai pu. Il faut que chacun fasse, à proportion, autant de bien que Votre Majesté en fait dans ses Etats. Elle a bâti de belles Eglises royales ; j'édifie des Eglises de village. Diogène remuait son tonneau, quand les Athéniens construisaient des flottes. Si vous soulagez mille malheureux, il faut que nous autres petits nous en soulagions dix. Les devoirs des Princes & des particuliers est de faire, chacun dans son état, tout le bien qu'il peut faire. Le dernier Livre de Votre Majesté, que le chef Frère Menou m'a envoyé de votre part, est un nouveau service que Votre Majesté rend au genre humain. Si jamais il se trouve quelque Athée dans le monde, (ce que je ne crois pas) votre Livre confondra l'horrible absurdité de ces hommes. Les Phisophes de ce siécle ont heureusement prévenu les soins de Votre

Majefté. Elle bénit Dieu fans doute de ce que depuis Defcartes & Newton il ne s'eft pas trouvé un
feul Athée en Europe. Votre Majefté réfute admi-
rablement ceux qui croyaient autrefois que le hazard pouvait avoir contribué à la formation de ce
monde. Votre Majefté voit fans doute avec un plaifir
extrême, qu'il n'y a aucun Philofophe de nos jours
qui ne regarde le hazard comme un mot vuide de
fens. Plus la Phyfique a fait de progrès, plus nous
avons trouvé par-tout la main du Tout-puiffant.

Il n'y a point d'hommes plus pénétrés de refpect
pour la Divinité, que les Philofophes de nos jours.
La Philofophie ne s'en tient pas à une adoration
ftérile, elle influe fur les mœurs. Il n'y a point en
France de meilleurs citoyens que les Philofophes;
ils aiment l'Etat & le Monarque; ils font foumis
aux loix; ils donnent l'exemple de l'attachement &
de l'obéiffance; ils condamnent, ils couvrent d'opprobre, ces factions pédantefques & furieufes, également ennemies de l'autorité royale & du repos des
fujets. Il n'eft aucun d'eux qui ne contribuât avec
joie de la moitié de fon revenu au foutien du Royaume. Continuez, Sire, à les feconder de votre autorité & de votre éloquence; continuez à faire voir
au monde que les hommes ne peuvent être heureux
que quand les Philofophes font Rois, & quand ils
ont beaucoup de fujets Philofophes. Encouragez de
votre voix puiffante la voix de ces citoyens qui n'en-
feignent dans leurs écrits & dans leurs difcours que
l'amour de Dieu, du Monarque & de l'Etat. Con-
fondez ces hommes infenfés, livrés à la faction,
ceux qui commencent à accufer d'Athéïfme quicon-
que n'eft pas de leur avis fur des chofes indifférentes.

Le Docteur l'Ange dit que les Jéfuites font
Athées, parce qu'ils ne trouvent point la Cour de
Pekin idolâtre. Le Frere Hardouin Jéfuite dit que

les Pafchal, les Arnaud, les Nicole font Athées, parce
qu'ils n'étaient pas Moliniftes. Frere Berthier foup-
çonne d'Athéïfme l'Auteur de l'Hiftoire générale,
parce que l'Auteur de cette Hiftoire ne convient
pas que des Neftoriens, conduits par des nuées
bleues, foient venus du pays de Jacin, dans le feptiéme fiécle, faire bâtir des Eglifes Neftoriennes à
la Chine. Frere Berthier devrait fçavoir que des nuées
bleues ne conduifent perfonne à Pekin, & qu'il ne
faut pas mêler des contes bleus à nos vérités facrées.
Un Breton (*) ayant fait, il y a quelques années,
des recherches fur la Ville de Paris, l'Abbé Trublet
& confors l'ont accufé d'irréligion, au fujet de la
rue de Tire-boudin & de la rue Trouffe-vache; &
le Breton a été obligé de faire affigner fon accufa-
teur au Châtelet de Paris.

Les Rois méprifent toutes ces petites querelles.
Ils font le bien général, pendant que leurs fujets ani-
més les uns contre les autres font les maux particuliers. Un grand Roi tel que vous, Sire, n'eft ni
Janfénifte, ni Molinifte : il n'eft d'aucune faction ;
il ne prend parti ni pour, ni contre un Dictionnaire;
il rend la raifon refpectable, & toutes les factions
ridicules; il rend les Jéfuites utiles en Lorraine,
quand ils font chaffés du Portugal ; il donne douze
mille livres de rente, une belle maifon, une bonne
cave à notre cher frere Menou, afin qu'il faffe du
bien; il fçait que la vertu & la Religion confiftent
dans les bonnes mœurs, & non pas dans les difpu-
tes; il fe fait bénir, & les calomniateurs fe font
déteſter.

Je me fouviendrai toujours, Sire, avec la plus
tendre & la plus refpectueufe reconnaiffance, des
jours heureux que j'ai paffés dans votre Palais : je

(*) M. de Saint-Foix.

me fouviendrai que vous daigniez faire le charme
de la fociété, comme vous faifiez la félicité de vos
peuples; & que fi c'était un bonheur de dépendre
de vous, c'en était un plus grand de vous approcher.

Je fouhaite à Votre Majefté que votre vie, utile
au monde, s'étende au delà des bornes ordinaires.
Aureng-Zeb & Muley Ifmaël ont vécu l'un & l'autre au delà de cent cinq ans. Si Dieu accorde de
fi longs jours à des Princes infidéles, que ne fera-
t-il point pour Staniflas le bienfaifant ?

Je fuis, avec un profond refpect, &c.

Aux Délices, le 15. Août 1760.

POESIES DIVERSES

ET

LETTRES EN VERS.

LE COCUAGE.

JApis Jupin, de fa femme jaloux,
Par cas plaifant fait pere de famille,
De fon cerveau fit fortir une fille,
Et dit : Du moins celle-ci vient de nous.
Le bon Vulcain, que la Cour éthérée
Fit pour fes maux époux de Cythérée,
Voulait avoir auffi quelque poupon
Dont il fût sûr, & dont feul il fût pere.
Car de penfer que le beau Cupidon,
Que les Amours, ornemiens de Cythère,
Qui, quoiqu'enfans, enfeignaient l'art deplaire,
Fuffent les fils d'un fimple Forgeron,
Pas ne croyait avoir fait telle affaire.
De fon vaçarme il remplit la maifon ;
Soins & foucis fon efprit tenaillérent,
Soupçons jaloux fon cerveau martelérent.
A fa moitié vingt fois il reprocha
Son trop d'appas, dangereux avantage.
Le pauvre Dieu fit tant, qu'il accoucha
Par le cerveau, De quoi ? Du Cocuage.
C'eft là ce Dieu revéré dans Paris,
Dieu malfaifant, le fléau des maris.
Dès qu'il fut né, fur le chef de fon pere
Il effaya fa naiffante colére :
Sa main novice imprima fur fon front
Les premiers traits d'un éternel affront.
A peine encore eut-il plume nouvelle,
Qu'au bon Hymen il fit guerre immortelle ;

Vous l'euſſiez vu l'obſédant en tous lieux ;
Et de ſon bien s'emparant à ſes yeux,
Se promener de ménage en ménage ;
Tantôt portant la flâme & le ravage,
Et des brandons allumés dans les mains,
Aux yeux de tous éclairait ſes larcins.
Tantôt rampant dans l'ombre & le ſilence,
Le front couvert d'un voile d'innocence,
Chez un époux le matois introduit
Faiſait ſon coup ſans ſcandale & ſans bruit.
La Jalouſie au teint pâle & livide,
Et la Malice à l'œil faux & perfide
Guident ſes pas où l'Amour le conduit ;
Nonchalamment la Volupté le ſuit.
Pour mettre à bout les maris & les belles,
De traits divers ſes carquois ſont remplis :
Fléches y ſont pour les cœurs des cruelles ;
Cornes y ſont pour le front des maris.
Or ce Dieu là, malfaiſant ou propice,
Mérite bien qu'on chante ſon office ;
Et par beſoin, ou par précaution,
On doit avoir à lui dévotion,
Et lui donner encens & luminaire.
Soit qu'on n'épouſe, ou qu'on n'épouſe pas ;
Soit qu'on le faſſe, ou qu'on craigne le cas,
De ſa faveur on a toujours affaire.
O vous, Iris, que j'aimerai toujours,
Quand de vos vœux vous étiez la maîtreſſe,
Et qu'un contrat, trafiquant la tendreſſe,
N'avait encore aſſervi vos beaux jours,
Je n'invoquais que le Dieu des amours ;
Mais à préſent pere de la triſteſſe,
L'Hymen, hélas ! vous a mis ſous ſa loi,
A Cocuage il faut que je m'adreſſe ;
C'eſt le ſeul Dieu en qui j'ai de la foi.

ODE

A MLLE LE COUVREUR.

QUELS fons touchans frapent mon ame !
Eft-ce fonge ? Eft-ce enchantément ?
D'où peut naître la vive flâme
Dont mon cœur brûle en ce moment ?
Je ne refpire que tendreffe ;
L'Amour de mon repos jaloux
Va-t-il d'une main vengereffe
Me percer des plus rudes coups ?

MAIS, que dis-je ? déja fes charmes
Se répandent dans tous mes fens ;
Ma raifon qui fait ces alarmes
Combat enfin fes feux naiffans.
En vain je cherche à me défendre ;
L'Amour me range fous fes loix,
Ah ! quand ce Dieu fe fait entendre,
Qui peut réfifter à fa voix ?

LE Couvreur, il doit à tes charmes
L'empire qu'il a fur mon cœur,
Tes yeux en pleurs furent les armes
Dont fe fervit ce Dieu vainqueur,
Quand trop fenfible à l'injuftice
Que l'on faifait à tes vertus,
Je te prenais pour Bérénice,
Et croyais être ton Titus,

MAIS quoi ! cet Empereur timide
Devait-il manquer à fa foi ?
Non, Titus n'eût pas pris pour guide
Une injufte & cruelle loi,

Si Bérénice en ses disgraces
Eût fait briller autant d'attraits,
Que tu sçais ajouter de graces
Au portrait que tu nous en fais.

QUE je suis touché de ta peine,
Lorsque de la veuve d'Hector,
Ou que de la triste Chimène,
Tu feins le funeste transport !
Oui, mon cœur avec toi s'intrigue,
Et pénétré de tes douleurs,
Je deviens jaloux de Rodrigue,
Et hais Pyrrhus & ses fureurs.

AH ! lorsque nous peignant Monime,
Tu fuis un devoir trop cruel,
Mes pleurs coulent sur la victime
Qu'on veut entraîner à l'autel.
Mithridate injuste & barbare
L'immole à son juste transport,
Mais dans le poison qu'il prépare,
C'est à moi qu'il donne la mort.

MAIS quoi ! pour le fils de Thésée
Tu brûles d'un feu criminel :
Je te vois jalouse, insensée,
T'arracher du sein paternel.
L'amour qui comme toi m'anime,
Me fait partager tes douleurs,
Et j'ai moins d'horreur de ton crime
Que de pitié pour tes malheurs.

PUIS-je trop vanter le mérite
De l'art insinuant, flatteur,
Qui charme, frape, touche, agite,
Ravit l'attentif Spectateur ?

O trop féduifante impofture,
Dont le mouvement imité
Contrefait fi bien la nature,
Que ne deviens-tu vérité!

EPITRE

A MLLE LE COUVREUR.

L'HEUREUX talent dont vous charmez la France,
Avait en vous brillé dès votre enfance :
Il fut dès lors dangereux de vous voir,
Et vous plaifiez même fans le fçavoir.
Sur le Théâtre heureufement conduite,
Parmi les vœux de cent cœurs empreffés,
Vous récitiez, par la nature inftruite,
C'était beaucoup, ce n'était point affez ;
Il vous fallut un plus grand maître.
Permettez-moi de faire ici connaître
Quel eft ce Dieu, de qui l'art enchanteur
Vous a donné vôtre gloire fuprême :
Le tendre Amour me l'a conté lui-même.
On me dira que l'Amour eft menteur :
Hélas ! je fçais qu'il faut qu'on s'en défie.
Qui connaît mieux que moi fa perfidie ?
Qui fouffre plus de fa déloyauté ?
Je ne croirai cet enfant de ma vie;
Mais cette fois il a dit vérité.
Ce même Amour, Vénus, & Melpomène
Loin de Paris faifaient voyage un jour :
Ces Dieux charmans vinrent dans un féjour
Où vos appas éclataient fur la Scène.

Chacun des trois avec étonnement
Vit cette grace & simple & naturelle,
Qui faisait lors votre unique ornement.
Ah ! dirent-ils, cette jeune mortelle
Mérite bien que sans retardement
Nous répandions tous nos trésors sur elle.
Ce qu'un Dieu veut, se fait dans le moment.
Tout aussi-tôt la tragique Déesse
Vous inspira le goût, le sentiment,
Le pathétique, & la délicatesse.
Moi, dit Vénus, je lui fais un présent
Plus précieux ; & c'est le don de plaire :
Elle accroîtra l'empire de Cythère ;
A son aspect tout cœur sera troublé,
Tous les esprits viendront lui rendre hommage.
Moi, dit l'Amour, je ferai davantage :
Je veux qu'elle aime. A peine eut-il parlé,
Que dans l'instant vous devintes parfaite.
Sans aucun soin, sans étude, sans fard,
Des passions vous fûtes l'interprète.
O de l'Amour adorable sujette,
N'oubliez point le secret de votre art.

EPITRE

A L'ABBÉ DE SERVIEN,

Pendant sa prison de Vincennes.

Aimable Abbé, dans Paris autrefois
La Volupté de toi reçut des loix :
Les Ris badins, les Graces enjouées,
A te servir dès long-tems dévouées ;
Et dès long-tems fuyant les yeux du Roi,
Marchaient souvent entre Philippe & toi,
Te prodiguaient leurs faveurs libérales,
Et de leurs mains marquaient dans leurs annales,
En lettres d'or, mots & contes joyeux,
De ton esprit enfans capricieux.
Hélas ! j'ai vu les Graces éplorées,
Le sein meurtri, pâles, désespérées ;
J'ai vu les Ris tristes & consternés
Jetter les fleurs dont ils étaient ornés,
Les yeux en pleurs, & soupirant leurs peines,
Ils suivaient tous le chemin de Vincennes ;
Et regardant ce château malheureux,
Aux beaux esprits, hélas ! si dangereux,
Redemandaient aux Destins en colere
Défunt Abbé qui leur servait de pere.
N'imite point leur cruel désespoir ;
Et puisqu'enfin tu ne peux plus revoir
L'aimable Prince à qui tu plais, qui t'aime,
Ose aujourd'hui te suffire à toi-même.
On ne peut vivre au donjon comme ici :
Le destin change, il faut changer aussi.

Au fel attique, au riant badinage,
Il faut mêler la force & le courage ;
A fon état mefurant fes defirs,
Selon les tems fe faire des plaifirs,
Et fuivre enfin, conduit par la nature,
Tantôt Socrate, & tantôt Epicure.
Tel dans fon art un Pilote affuré,
Maître des flots dont il eft entouré ;
Sous un ciel pur où brillent les étoiles,
Au vent propice abandonne fes voiles ;
Et quand Neptune a foulevé les flots,
Dans la tempête il trouve le repos.
D'une ancre fûre il fend la molle arène,
Trompe des vents l'impétueufe haleine ;
Et du trident bravant les rudes coups,
Tranquille & fier, rit des Dieux en couroux.
Tu peux, Abbé, du fort jadis propice
Par ta vertu corriger l'injuftice :
Tu peux changer ce donjon détefté
En un Palais par Minerve habité.
Le froid ennui, la fombre inquiétude,
Monftres affreux, nés dans la folitude,
De ta prifon vont bientôt s'exiler.
Vois dans tes bras de toute part voler
L'oubli des maux, le fommeil défirable,
L'indifférence au cœur inaltérable,
Qui dédaignant les outrages du fort,
Voit d'un même œil & la vie & la mort ;
La paix tranquille, & la conftance altiére,
Au front d'airain, à la démarche fiére,
A qui jamais ni les Rois, ni les Dieux,
La foudre en main n'ont fait baiffer les yeux.
Divinités, des fages adorées,
Que chez les grands vous êtes ignorées !

Le fol amour, l'orgueil préfomptueux,
Des vains plaifirs l'eſſain tumultueux ;
Troupe volage à l'erreur confacrée,
De leurs Palais vous défendent l'entrée.
Mais la retraite a pour vous des appas,
Dans nos malheurs vous nous tendez les bras.
Des paſſions la troupe confondue,
A votre aſpect difparaît éperdue ;
Par vous heureux au milieu des revers ;
Le Philofophe eſt libre dans les fers.

EPITRE

AU PRINCE EUGENE.

GRAND Prince qui dans cette Cour,
Où la juſtice était éteinte,
Sçûtes infpirer de l'amour,
Même en nous donnant de la crainte ;
Vous que Rouſſeau ſi dignement
A, dit-on, chanté fur la lyre ;
Eugène, je ne fçais comment
Je m'y prendrai pour vous écrire.
Oh ! que nos Français font contens
De votre derniére victoire,
Et qu'ils chériſſent votre gloire,
Quand ce n'eſt point à leurs dépens.
Pourfuivez ; des Mufulmans
Rompez bientôt la barriére ;
Faites mordre la pouſſiére
A ces Circoncis infolens ;

M

Et plein d'une ardeur guerriére,
Foulant aux pieds les turbans,
Au Sérail des Ottomans
Achevez cette carriére.
Vénus, & le Dieu des combats
Vont vous en ouvrir la porte :
Les Graces leurs fervent d'efcorte,
Et l'Amour vous tend les bras,
Voyez-vous déja paraître
Tout ce peuple de beautés,
Efclaves des voluptés
D'un amant qui parle en maître !
Faites vîtes du mouchoir.
La faveur impérieufe,
A la beauté la plus heüreufe,
Qui fçaura délafler le foir
Votre Alteffe victorieufe.
Du féminaire des amours,
A la France votre patrie,
Daignez envoyer pour fecours
Quelques belles de Circaffie.
Le Saint-Pere de fon côté
Attend beaucoup de votre zéle,
Et prétend qu'avec chárité
Sous le joug de la vérité
Vous rangiez un peuple infidéle,
Par vous mis dans le bon chemin,
On verra bientôt ces infâmes,
Ainfi que vous, boire du vin,
Et ne plus renfermer les femmes.
Adieu, grand Prince, heureux guerrier,
Paré de myrthe & de laurier,
Allez affervir le Bofphore,
Déja le Grand Turc eft vaincu :
Mais vous n'avez rien fait encore,
Si vous ne le faites cocu.

LETTRE

AU ROI DE PRUSSE.

Vous laissez reposer la foudre & les trompettes ;
Et sans plus étaler ces raisons du plus fort ;
Dans vos fiers arsenaux, magazins de la mort ,
De vingt mille canons les bouches sont muettes.
J'aime mieux des soupers, des Opéra nouveaux ,
Des passe-pieds Français, des fredons Italiques ;
Que tous ces bataillons d'assassins héroïques ,
    Gens sans esprit ; & fort brutaux.
Quand verrai-je élever, par vos mains triomphantes ,
Du Palais des plaisirs les colonnes brillantes ?
    Quand verrai-je à Charlotembourg
Du fameux Polignac ¶ les marbres respectables ,
Des antiques Romains ces monumens durables ,
Accourir à votre ordre , embellir votre Cour ?
Tous ces bustes fameux semblent déja vous dire :
Que faisons-nous à Rome au milieu des débris
    Et des Beaux-Arts , & de l'Empire,
Parmi les Capuchons blancs , noirs , Minimes gris ,
Arlequins en soutane , & courtisans en mître ,
Portant au Capitole , au temple des guerriers ,
Pour Aigle des Agnus , des bourdons pour lauriers ?
Ah ! loin des Monsignors tremblans dans l'Italie ,
Restons dans ce Palais , le temple du génie ;
Chez un Roi , vraiment Roi , fixons-nous aujourd'hui ,
Rome n'est que la sainte , & l'autre est avec lui.

¶ En ce temps-là Frédéric le Grand III. Roi de Prusse , avoit fait acheter à Paris toutes les Statues que le Cardinal de Polignac avoit fait venir de Rome.

Sans doute, Sire, que les Statues du Cardinal de
Polignac vous disent souvent de ces choses-là : mais
j'ai aujourd'hui à faire parler une beauté, qui n'est
pas de marbre, & qui vaut bien toutes vos Statues.

> Hier je fus en présence
> De deux yeux mouillés de pleurs,
> Qui m'expliquaient leurs douleurs
> Avec beaucoup d'éloquence.
> Ces yeux qui donnent des loix
> Aux ames les plus rebelles,
> Font briller leurs étincelles
> Sur le plus friand minois
> Qui soit aux murs de Bruxelles.

Ces yeux, Sire, & ce très-joli visage appartiennent à Madame Valstein, ou Vallenstein, l'une des
petites niéces de ce fameux Duc de Valstein, que
l'Empereur Ferdinand fit si proprement tuer au saut
du lit par quatre honnêtes Irlandais ; ce qu'il n'eût
pas fait assurément, s'il avait pu voir sa petite niéce.

> Je lui demandai pourquoi
> Ses beaux yeux versaient des larmes ?
> Elle, d'un ton plein de charmes,
> Dit : C'est la faute du Roi.

Les Rois font ces fautes-là quelquefois, répon-
dis-je. Ils ont fait pleurer de beaux yeux, sans compter le grand nombre des autres, qui ne prétendent
pas à la beauté.

> Leur tendresse, leur inconstance,
> Leur ambition, leurs fureurs,
> Ont fait souvent verser des pleurs
> En Allemagne comme en France.

Enfin, j'appris que la caufe de fa douleur vient de ce que le Comte de.... eft pour fix mois les bras croifés, par l'ordre de Votre Majefté, dans le Château de Vézel. Elle me demanda ce qu'il fallait qu'elle fît pour le tirer de là. Je lui dis qu'il y avait deux maniéres. La premiére, d'avoir une armée de cent mille hommes, & d'affiéger Vézel : la feconde, de fe faire préfenter à Votre Majefté, & que cette façon là était incomparablement plus fûre.

Alors j'apperçus dans les airs
    Ce prèmier Roi de l'univers,
L'Amour, qui de Valftein vous portait la demande,
Et qui difait ces mots que l'on doit retenir :
    Alors qu'une belle commande,
Les autres Souverains doivent tous obéir.

LETTRE I,
A L'ELECTEUR PALATIN.

QUe je fuis touché ! que j'afpire
A voir briller cet heureux jour ;
Ce jour fi cher à votre Cour,
A vos Etats, à tout l'Empire !

   Que j'aurai de plaifir à dire,
En voyant combler votre efpoir ;
J'ai vu l'enfant que je defire,
Et mes yeux n'ont plus rien à voir !

Monfeigneur, que votre Alteffe Electorale me
pardonne mon enthoufiafme ; la joie le rend excu-
fable. Je ne fçais ce que je fais, ma Lettre manque
à l'étiquette. Du temps de la naiffance du Duc de
Bourgogne, tous les poliffons danfaient dans la
chambre de Louis XIV. Je ferais un grand poliffon
dans Schwetzingen (*), fi je pouvais dans le mois
de Juillet être affez heureux pour me mettre aux
pieds du pere, de la mere, & de l'enfant : un fils
& la paix, voilà ce que mon cœur fouhaite à vos
Alteffes Electorales ; & un fils fans la paix eft encore
une bien bonne aventure. Je me mets à vos genoux,
Monfeigneur, je les embraffe de joie. Agréez, vous
& Madame l'Electrice, ma mauvaife profe, mes
mauvais vers, mon profond refpect, mon yvreffe
de cœur ; & daignez conferver des bontés à votre
petit Suiffe VOLTAIRE.

(*) Maifon de plaifance de l'Electeur Palatin près de
Manhein.

A Ferney, ce 14 Avril 1761.

EPITRE DU P***

A MLLE CLAIRON.

HOnneur de la Scène tragique,
Touchante & fublime Clairon,
Tes craintes, ta converfion,
Effet d'un fcrupule héroïque,
Tout ici célébre ton nom :
Du gouvernail Apoftolique
C'eft le pilote révéré,
Ce faint Pêcheur, ce chef facré,
C'eft cet infaillible Empyrique,
De l'Eglife très-Catholique,
Le Vicaire de Jefus-Chrift,
C'eft le Pape enfin qui t'écrit.
Malgré tous leurs dogmes auftéres,
Par fois les Papes font galans,
Témoins mes illuftres Confreres,
Qui près des Belles de leurs temps
Méritaient, étant indulgens,
Le titre fi doux de Saints Perès.
Je fuis leurs exemples brillans ;
Et ma fainteté radoucie,
Sans fafte, fans hypocrifie,
Baiffe fouvent un œil d'envie
Sur les graces & les talens
Que l'ignorance excommunie.
Je préfére ton fort au mien,
Malgré l'erreur qui te condamne :
Embellir l'univers profane,
C'eft plus que régir les Chrétien

Je veux te rendre citoyenne,
Rétablir aujourd'hui tes droits,
L'anathême expire à ta voix :
Que nul remors ne te retienne,
Les grands talens forcent les loix ;
On est Orthodoxe & Chrétienne,
Quand on déclame comme toi.
Sur-tout, dans l'ardeur qui t'entraîne,
Par un faux zéle ne vas pas,
Pour l'Eglise abjurant la Scène,
A la plaintive Melpomène
Ravir ses funébres appas,
Tromper les vœux de ta patrie,
Et consacrer loin de nos yeux
A la naissante Psalmodie
De nos Cantiques langoureux
L'organe enflammé du génie.
Oui, le Théâtre déformais
Des mœurs va devenir l'école ;
Le Pape qui n'erre jamais,
Doit être cru sur sa parole.
Je ne suis point si scrupuleux,
Ma Sainteté te rend les armes,
Belle Clairon ; & j'aime mieux
Une Actrice qui par ses larmes
Prête aux vertus de nouveaux charmes,
Aux passions de nouveaux feux,
Qu'une Janséniste égarée,
Qui sur un mystique grabat
Par des coups de buches inspirée,
Rend ses oracles, tient sabbat,
Et qui se roulant toute nue,
Démon errant, sans feu, ni lieu,
S'avilit & se prostitue,
Le tout, dit-on, pour plaire à Dieu.

Ne crains rien donc, je te répéte,
Pierre à ma voix ouvre les cieux ;
Nous te ferons, faute de mieux,
Entrer par la porte fecréte
Dans cette paifible retraite
Où brillent tant de bienheureux.
Que dis-je ? Refte fur la terre,
Dédaigne du fein des plaifirs
Les cagots qui te font la guerre
Et frondent tes nobles loifirs ;
L'archi-Souverain de l'Eglife
De ton vivant te canonife.
Du Théâtre fois le foutien ;
Que ta gloire à mes vœux réponde,
Je ne veux te refufer rien
Qu'un paffe-port pour l'autre monde.

LETTRE II.

A L'ELECTEUR PALATIN.

Est-ce une fille ? Est-ce un garçon ?
Je n'en sçais rien ; la Providence
Ne dit point son secret d'avance,
Et ne nous rend jamais raison.

Grands, petits, riches, gueux, foux, sages,
Tous aveugles dans leurs efforts,
Tous à tâtons font des ouvrages
Dont ils ignorent les reflorts.

C'est bien là que l'homme est machine ;
Mais le Machiniste est là-haut,
Qui fait tout de sa main divine
Comme il lui plaît, & comme il faut.

Je bénis ses dons invisibles ;
Car vous sçavez que tout est bien ;
On ne peut se plaindre de rien
Au meilleur des mondes poffibles.

S'il vous donne un Prince, tant mieux
Pour tout l'Etat, & pour son pere ;
Et s'il a votre caractére,
C'est le plus beau préfent des cieux.

Si d'une fille il vous régale,
Tant mieux encore, c'est un bonheur ;
En graces, en beauté, en douceur,
Je la vois à sa mere égale.

O couple augufte, heureux époux!
L'efprit prophétique m'emporte :
Fille, ou garçon, il ne m'importe,
L'enfant fera digne de vous.

Monfeigneur, il m'importe pourtant ; je partirais
en pofte pour fçavoir ce qui en eft, fi cette Providence qui fait tout pour le mieux ne me traitait mi-
férablement. Elle maltraite fort votre petit vieillard
Suiffe, & m'a fait l'individu le plus ratatiné, & le
plus fouffrant de ce meilleur des mondes.

Je ferais vraiment une belle figure au milieu
des fêtes de votre Alteffe Electorale : ce n'était que
dans l'ancienne Egypte, qu'on plaçait des fquelettes
dans les feftins. Monfeigneur, je n'en peux plus,
je ris encore quelquefois ; mais j'avoue que la douleur eft un mal. Je fuis confolé, fi votre Alteffe
Electorale eft heureufe. Je fuis plus fait pour les
Extrêmes-onctions que pour les Baptêmes. Puiffe la
paix fervir d'époque à la naiffance d'un Prince
que j'attends : puiffe fon augufte pere conferver
des bontés, & agréer les tendres & profonds ref-
pects du petit Suiffe

VOLTAIRE.

A Ferney, ce 9. Juin 1761.

EPITRE

A M. DESMAHIS.

Vos jeunes mains cueillent des fleurs
Dont je n'ai plus que les épines ;
Vous dormez deſſous les courtines
Et des Graces & des neuf Sœurs,
Je leurs fais encore quelques mines ;
Mais vous poſſédez leurs faveurs.
Tout s'éteint, tout s'uſe, tout paſſe ;
Je m'affaiblis, & vous croiſſez ;
Mais je deſcendrai du Parnaſſe,
Content ſi vous m'y remplacez.
Je jouis peu, mais j'aime encore :
Je verrai du moins vos amours ;
Le crépuſcule de mes jours
S'embellira de votre aurore.
Je dirai : Je fus comme vous ;
C'eſt beaucoup me vanter peut-être :
Mais je ne ſerai point jaloux ;
Le plaiſir permet-il de l'être ?

LETTRE

DE M. DE VOLTAIRE

A MM. DESMAHIS, ET DE MARGENSY.

AInsi Bachaumont & Chapelle
Ecrivirent dans le bon tems,
Et leurs simples amusemens
Ont rendu leur gloire immortelle.
Occupés d'un heureux loisir,
Eloignés de s'en faire accroire,
Ils n'ont cherché que le plaisir,
Et sont au Temple de Mémoire.
Vous avez leur art enchanteur
D'embellir une bagatelle;
Ils vous ont servi de modéle,
Et vous auriez été le leur.

Mais ils écrivaient au gros gourmand, au buveur
Broussin; & vous n'écrivez, Messieurs, qu'à un
vieux Philosophe qui cultive sa terre. Je finis par
où Virgile commença, par les Géorgiques. Voilà
tout ce que j'ai de commun avec lui. Souvenez-
vous qu'Horace fit un voyage à Naples, où il ren-
contra Virgile, qui était, disait-il, un très-bon
homme. Je suis bon homme aussi; mais ce n'est pas
assez pour des beaux esprits de Paris : & il faudrait
quelque chose de mieux pour vous engager à faire
le voyage des Alpes, qui n'est pas si plaisant que
celui d'Horace votre devancier.

EXTRAIT

D'UNE LETTRE

DE M. DE VOLTAIRE.

SI M. de Silhoüette continue comme il a commencé, il faudra lui trouver une niche dans le Temple de la Gloire, tout à côté de Jean-Baptiste Colbert.

> Il n'eſt point de ces vieux novices,
> Marchant dans des ſentiers ouverts,
> Et même y marchant de travers,
> Créant des taxes, des offices,
> Billets d'Etats, effets fictices,
> Empruntant à tout l'univers,
> Replâtrant par des injuſtices
> Nos ſottiſes & nos revers;
> Il ramene les tems propices,
> Et des Sully, & des Colbert;
> Et pour le prix de ſes ſervices
> Il rembourſe de méchans vers,

Je ſuis, &c.

A Paris, ce 8. Août 1759.

LETTRE

DU ROI DE PRUSSE

A M. DE VOLTAIRE.

CRoyez que fi j'étais Voltaire,
   Particulier aujourd'hui,
Me contentant du néceffaire,
Je verrais envoler la fortune legère,
Et m'en moquerais comme lui.
Je connais l'ennui des grandeurs,
Le fardeau des devoirs, le jargon des flatteurs,
   Et tout l'amas des petiteffes
   En leur genre & leurs efpéces,
Dont il faut s'occuper dans le fein des honneurs.
   Je méprife la vaine gloire,
   Quoique Poëte & Souverain.
Quand du cifeau fatal retranchant mon deftin,
Atropos m'aura vu plongé dans la nuit noire,
   Qu'importe l'honneur incertain
De vivre après ma mort au Temple de Mémoire?
Un inftant de bonheur vaut mille ans dans l'hiftoire.
   Nos deftins font-ils donc fi beaux?
   Le doux plaifir, & la molleffe,
   La vive & naïve allégreffe,
Ont toujours fui des grands la pompe & les faifceaux.
Né pour la liberté, leur troupe enchantereffe
   Préfére l'aimable pareffe
Aux auftéres devoirs, guides de nos travaux.

Ainſi la Fortune volage
N'a jamais cauſé mes ennuis;
Ou qu'elle m'agace, ou m'outrage,
J'en dormirai toutes les nuits,
En lui refuſant mon hommage.
Mais notre état nous fait la loi;
Il nous oblige, il nous engage
A meſurer notre courage
Sur ce qu'exige notre emploi.
Voltaire dans ſon hermitage,
Dans un pays dont l'héritage
Eſt ſon antique bonne foi,
Peut s'adonner en paix à la vertu du Sage,
Dont Platon nous marqua la loi.
Pour moi, menacé du naufrage,
Je dois, en affrontant l'orage,
Penſer, vivre, & mourir en Roi.

VERS

DE M. DE VOLTAIRE,

SUR LE TEMPLE DES CHIMÈRES,

PAR M. LE PRÉSIDENT HAINAULT

Qui le lui avait envoyé.

V Otre amusement lyrique
M'a paru du meilleur ton:
Si Linus fit la musique,
Les vers sont d'Anacréon.
L'Anacréon de la Gréce,
Vaut-il celui de Paris?
Il chante la douce yvresse
De Siléne, & de Cypris.
Mais fit-il avec sagesse
L'histoire de son pays?
Après des travaux austéres,
Dans de doux délassemens,
Vous célébrez des chimères:
Elles sont de tous tems:
Elles nous sont néceslaires;
Nous sommes de vieux enfans,
Nos erreurs sont nos lisiéres,
Et nos vanités legéres
Nous bercent en cheveux blancs.

N

VERS

DE M. DE VOLTAIRE

A L'AUTEUR DE L'HOMME INUTILE,

Poëme qui se trouve dans le Recueil L.

D'Un pinceau ferme & facile
Vous nous avez trait pour trait
Dessiné l'homme inutile.
On ne dira jamais, graces à votre style ;
Le Peintre a fait là son portrait.
On dira : Ce mortel aimable
Unissait Minerve & les Ris ;
Et dans tous les beaux arts, comme avec ses amis,
Mêlait l'utile & l'agréable.

PORTRAIT MANQUÉ,

POUR MADEMOISSELLE DE V***,

PAR M. DE VOLTAIRE.

ON ne peut faire ton portrait ;
Folâtre & férieufe, agaçante & févère,
Prudente avec l'air indifcret,
Vertuéufe, coquette, à toi-même contraire ;
La reffemblance échape en rendant chaque trait.
Si l'on te peint conftante, on t'apperçoit legére ;
Ce n'eft jamais toi qu'on a fait,
Fidéle au fentiment avec des goûts volages,
Tous les cœurs à ton char s'enchaînent tour à tour,
Tu plais aux libertins, tu captives les fages ;
Tu fais l'office de l'Amour :
On croit voir cet enfant en te voyant paraître,
Sa jeuneffe, fes traits, fon arr,
Ses plaifirs, fes erreurs, fa malice peut-être...
Serais-tu ce Dieu par hazard ?

FIN.

✱✚✱✱✱✱✱✱✱✱✱✱✱✱✱✱✱✱✱✱✱✱✱✱✱✱✱✱✱

TABLE

DES DIFFÉRENTES PIÉCES

Contenues dans ce Volume.

MÉLANGES DE LITTÉRATURE.

POESIES DIVERSES
& Lettres en vers.

Fin de la Table.

www.ingramcontent.com/pod-product-compliance
Lightning Source LLC
Chambersburg PA
CBHW071949110426
42744CB00030B/699